北京联合大学应用科技学院职业技术教育研究成果

基于文献计量的职业教育研究主题变迁研究

杨　芳　王廷梅　陈艳燕　刘　琨　著

北京交通大学出版社
·北京·

内 容 简 介

近年来，在职业教育跨越式发展的时代背景下，我国职业教育研究队伍不断扩大，研究成果层出不穷。系统梳理我国职业教育发展脉络和研究现状，可以为国家层面的战略决策提供真实可靠的参考依据，具有十分重要的现实意义。

本书采用量化研究方法统计分析了 2005—2017 年我国职业教育研究论文，厘清职业教育研究热点转移或迁移的历史沿革的脉络，剖析学术论文存在的问题及其原因，为国内研究者把握职业教育学科领域最新研究成果和研究趋势以及拓宽研究视野、深化研究重点提供有力的数据支撑。

本书适合职业学校的教师和从事职业教育研究的人员阅读。

图书在版编目（**CIP**）数据

基于文献计量的职业教育研究主题变迁研究 / 杨芳等著. —北京：北京交通大学出版社，2023.3
　ISBN 978-7-5121-4860-4

Ⅰ. ① 基… Ⅱ. ① 杨… Ⅲ. ① 职业教育–文献计量学–研究–中国 Ⅳ. ① G71 ② G250.252

中国版本图书馆 CIP 数据核字（2022）第 251678 号

基于文献计量的职业教育研究主题变迁研究
JIYU WENXIAN JILIANG DE ZHIYE JIAOYU YANJIU ZHUTI
BIANQIAN YANJIU

责任编辑：田秀青
出版发行：北京交通大学出版社　　电话：010-51686414　　http://www.bjtup.com.cn
地　　址：北京市海淀区高梁桥斜街 44 号　　邮编：100044
印　刷　者：北京虎彩文化传播有限公司
经　　销：全国新华书店
开　　本：170 mm×235 mm　　印张：10.125　　字数：205 千字
版 印 次：2023 年 3 月第 1 版　　2023 年 3 月第 1 次印刷
定　　价：49.00 元

本书如有质量问题，请向北京交通大学出版社质监组反映。
投诉电话：010-51686043，51686008；传真：010-62225406；E-mail: press@bjtu.edu.cn。

前　言

　　随着世界新一轮科技革命和产业革命的兴起，产业升级和生产要素转移步伐加快，加强职业教育成为各国的基本共识与重要国策。为抓住世界经济变革带来的发展机遇，顺应新一轮全球化浪潮，我国政府高度重视现代职业教育的发展。2019 年 1 月，国务院印发的《国家职业教育改革实施方案》开篇指出"职业教育与普通教育是两种不同教育类型，具有同等重要地位"，正式确定了职业教育在我国教育体系中是一种单独类型的教育。2022 年 4 月 20 日，十三届全国人大常委会第三十四次会议通过了新修订的《中华人民共和国职业教育法》，这为新时代职业教育高质量发展提供了法治保障。国家对职业教育的重视促进了职业教育研究，职业教育研究为职业教育的发展出谋划策，职业教育研究和职业教育发展互相促进。把握职业教育研究的发展脉络，既可以为职业教育学科领域研究趋势提供数据支撑，也可以为国家层面的战略决策提供真实可靠的参考依据，所以具有十分重要的现实意义。

　　本书是北京联合大学职业技术教育领域的研究成果。该成果主要围绕四个方面展开：一是职业教育研究主题变迁的研究背景、研究现状、研究设计，对职业教育研究主题的数据来源、研究内容、研究方法进行了明确界定，研究了职业教育研究主题的意义和现状；二是2005—2017 年职业教育论文的总体情况，对职业教育论文发文总量情况、被引用论文情况、被引频次进行了统计，对职业教育论文核心期刊作者情况、地域分布情况、依托项目情况、研究主题情况、年度热点主题情况进行了深入的分析；三是职业教育三个重要阶段主题变迁研究，以阶段热点主题情况和文献作者机构分析为切入点，三个阶段分别是 2005—2009 年、2010—2013 年、2014—2017 年，以阶段热点主题情况和文献作者机构分析为切入点，对这三个阶段职业教育论文研究主题的变化进行对比研究，查找研究主题的变迁方向；四是总结与建议，对职业教育研究的 10 个热点主题进行了详细的分析，并根据职业教育研究成果对职业教育人才培养、办学模式、课程建设和教学改革、师资队伍、思想政治建设等 10 个方面提出了建议，为职业教育研究的发展提供了高校智慧。作为一项职业教育研究的研究成果，希望它能为职业教育的发展贡献一份力量。

本书的研究团队来自北京联合大学应用科技学院，其中王廷梅教授为本研究的整体研究框架和研究体系进行了总体规划，陈艳燕博士、刘琨博士不仅承担了部分章节的撰写工作，而且查阅了大量的文献资料，并利用大数据挖掘算法进行数据分析和处理，为后续的研究奠定了科学的基础。另外，刘晓宇博士、李润华博士也对本书的研究给予了大力的帮助和指导，在此向以上各位老师表示由衷的感谢！

作　者

2022 年 11 月 26 日

目　　录

第一章

绪　　论

一、研究背景及意义

当前，世界新一轮科技革命和产业革命正在兴起，产业升级和生产要素转移步伐加快，发展更高水平的现代职业教育，提升全民特别是青年人的就业技能日益成为促进世界经济复苏、引领各国转型发展的重要引擎。加强职业教育正成为各国的基本共识与重要国策，为抓住世界经济变革带来的发展机遇、顺应新一轮全球化浪潮，我国政府高度重视现代职业教育发展。

2005—2017 年，我国职业教育步入内涵建设及快速发展"黄金时期"，取得了以下突破性进展：

一是职业教育摆在了更加突出的位置。2014 年 5 月，《国务院关于加快发展现代职业教育的决定》确定了中国职业教育在今后一个时期"高度重视、加快发展"的工作方针，确定了"服务发展、促进就业"的办学方向，确定了到 2020 年"建设中国特色世界水平现代职业教育体系"的发展目标。同年 6 月召开的全国职业教育工作会议因习近平总书记对职业教育重要指示和李克强总理的特别关注，以及对中国职业教育的基础性战略规划，成为中国教育史上的一个重要节点。

二是现代职业教育体系框架基本形成。2013 年年底，十八届三中全会《中共中央关于全面深化改革若干重大问题的决定》指出：加快现代职业教育体系建设，深化产教融合、校企合作，培养高素质劳动者和技能型人才。2014 年，教育部等六部门印发了《现代职业教育体系建设规划（2014—2020 年）》。2017 年 10 月，十九大报告提出"完善职业教育和培训体系"。在我国政府一系列积极政策和举措的综合作用下，在职业教育界和相关各方的共同努力下，一个适应发展需求、产教深度融合、中职高职衔接、职业教育与普通教育相互沟通，体现终身教育理念，具有中国特色、世界水平的现代职业教育体系框架基本形成。

三是职业教育培养能力和质量大幅提升。我国建成了世界上规模最大的职业教育体系，全国共有 1.23 万所职业学校，年招生总规模近 930 万人，在校生 2 680 多万人，拥有基本覆盖国民经济各领域的职业教育专业，具备了大规模培养高素质劳动者和技能型人才的能力，为服务发展、促进就业提供了坚强保障。除职业学校外，还有数以万计的各种形式的非学历教育和职业培训机构，它们承担着各种短期的、专门的培训任务，成为我国技术技能人才培养的"助推器"，为劳动力就业提供了职业技能支撑。

四是职业教育促进公平作用更加彰显。我国政府一直把促进公平作为制定职业教育政策的基本原则。为进一步增强中等职业教育的吸引力，保证不利人群接受职业教育和欠发达地区职业教育发展，

2012 年出台了《财政部 国家发展改革委 教育部 人力资源社会保障部关于扩大中等职业教育免学费政策范围进一步完善国家助学金制度的意见》。此外，还有针对少数民族地区职业教育补偿与精准扶贫政策。

五是职业教育经费投入得到保障。职业教育经费总投入稳定增长。据教育部 2016 年全国教育经费统计快报统计数据显示，2016年，职业教育经费总投入为 4 051 亿元，比 2012 年增长了 731 亿元，增长了 22%，年均增长率为 5.5%，占全国教育经费总投入的 10.4%。2014 年，财政部、教育部出台了《财政部 教育部关于建立完善以改革和绩效为导向的生均拨款制度加快发展现代高等职业教育的意见》。2015 年，财政部、教育部、人力资源和社会保障部发布《关于建立完善中等职业学校生均拨款制度的指导意见》。多部委联合就高等职业学校和中等职业学校生均经费拨款标准做出明确规定，形成了职业学校经费稳定投入机制。同时，政府还对西部贫困地区建立了相对稳定的职业教育经费专项转移制度。

六是职业教育对外开放进一步扩大。目前，我国政府已经与 30多个国家、十几个国际组织建立了合作与交流关系，形成了多层次、多形式、宽领域的职业教育国际交流格局。首先是搭建双向互动的交流合作平台。既有国家政府层面的职教政策对话交流（中英、中欧、中国与东盟、中国与非盟等）和世界性职业教育会议（国际职业技术教育大会、世界职业教育院校联盟会议等），又有职业学校教育交流，如国内职业学校协同中国企业"走出去"模式的海外办学以及国内外不同层次的人才交流。其次是开展与国外职业院校的学分学历互认、学位互授联授、专业技术证书互认，主要有交流生、交换生以及联合培养生等形式。最后是中国优质职教资源的对外辐射行动。随着中国与世界融合的日益加深，特别是在国家"一带一路"倡议背景下，职业教育成为教育领域国际交流合作最活跃的领域之一。中国职教的国际输出已经成为与中国企业和产品走出去相配套的必然，更是中国教育质量和水平的综合体现和软实力的魅力彰显。

2005—2017 年，在职业教育跨越发展的时代背景下，我国职业教育研究队伍不断扩大，研究机构日益增多，研究成果层出不穷，学术论文数量激增，尤其是核心期刊刊载的高水平高质量论文数量显著增加。教育学一级学科领域中具有权威性和代表性的核心期刊主要发表最新研究成果，反映该学科最前沿、最新发展水平和发展动态。系统梳理我国职业教育研究现状，采用量化研究方法统计分析 2005—2017 我国职业教育研究的热点领域、学术论文发表数量、高被引文献、核心作者群、学术研究力量的机构分布、地域分布、论文依托科研项目等，一方面可以从中捋清职业教育研究热点转移或迁移的历史沿革的脉络，剖析学术论文存在的问题及其原因，为国内研究者把握职业教育学科领域最新研究成果和研究趋势以及拓宽研究视野、深化研究重点提供有力的数据支撑。另一方面，将运用文献计量学方法对教育学领域代表性核心期刊数据库收录的文献进行测量分析的结果反馈给政府相关决策部门，还可以为国家层面的战略决策提供真实可靠的参考依据，从而提高行政决策的科学性和有效性，具有十分重要的现实意义。

二、研究现状

职业教育是与经济社会发展联系最为密切的教育类型。职业教育学的基础理论广泛吸收与借鉴了经济学、社会学、劳动学、教育学、管理学及心理学等相关学科的基本理论，具有综合性的特点。随着经济全球化向纵深发展，在国家职教政策的引导下，职业教育学科领域的研究热点呈现出对象多元化、方法多样化、内容丰富化的发展态势。

国外教育学科领域的文献计量研究具有范围广泛、视角多样、成果丰富、研究深入的特点，但是尚存在一些明显的不足，如专门针对职业教育期刊文献计量研究成果不多。美国科学信息研究所（Institute for Scientific Information，ISI）是国际知名的科技信息研究与服务机构，其开发的社会科学引文索引数据库（SSCI）是全球知名的、涵盖了人文社会科学领域的多学科科技文献引文数据库，一直被公认为世界范围内社会科学领域最权威的文献索引工具。在SSCI 收录的教育类核心期刊中，主要关注和发表职业教育类相关文献的期刊有四种，分别为：《职业与学习》（Vocations and Learning，荷兰）、《国际教育和就业指导杂志》（International Journal for Educational and Vocational Guidance，荷兰）、《继续教育研究》（Studies in Continuing Education，英国）、《职业发展季刊》（Career Development Quarterly，美国）。通过分析上述四种职业教育类的 SSCI 核心期刊文献计量研究领域的具体研究成果，可以发现目前国际职业教育的三个主流学术领域分别为工作场所学习、职业咨询与发展、职业心理学的实证研究。国际职业教育主流理论与研究热点对我国职业教育研究具有重要的借鉴意义。但是由于国外的研究成果一般强调概念和数据，偏重现代经济学分析框架和研究方法的运用，国内研究者在参考借鉴时如何找准找对最佳切合点以及如何进行本土化融合、改进、推广，是难点和关键。此外，我国的职业教育学是一个新兴学科，其发展还很不完善、不成熟，职业教育学与相邻学科开展的跨学科研究尚处于起步阶段，学术团队建设亟待加强，建构职业教育学的中国话语体系仍需待以时日。

过去十年，文献计量分析法、图谱法等研究方法逐渐受到了国内职业教育界研究者和管理者的关注和认可。采用文献计量分析法开展职业教育研究热点追踪的研究逐渐成为一种趋势和潮流，此类论文产出总量虽少，但质量普遍较高。

2010 年范笑仙、汤建民在《近十年来中国高等职业教育研究的轨迹、特征和未来走向——基于高教研究类核心期刊和 CSSCI 数据库论文的文献计量分析》一文中综合运用词频统计法、知识图谱法和内容分析法，对十多年来我国高等职业教育研究论文的研究数量、研究主题和作者队伍等情况进行了历时性的文献计量分析，发现我国高等职业教育研究近年来取得了一些进步，但还处于较基础的阶段，离一门成熟的学科还有较大的距离；近十年来我国高等职业教育研究大致经过了三个阶段，第三阶段的研究呈现出"职业教育""高职教育""高职院校"三中心的特点；我国高等职业教育从职业教育中孕育，职业性是高职教育的内生属性，高等性是高职教育的后生外发属性；高等职业教育研究已初步独具气象，形态上已逐渐与高等教育研究接近，并正朝高等教育研究方向发展。

2011 年马晓晴在《2010 年我国"高职教育"研究热点的可视化分析》一文中采用国际前沿信息计量软件 CiteSpace Ⅱ 对中国知网中"高职教育"研究文献进行分析，以可视化的方式来展示我国"高职教育"研究的热点主题及其之间的交叉联系发现，"高职教育"研究领域较为宽泛，主要有高职院校建设与发展、校企合作、工学结合、人才培养、教学改革、双师型教师等。

2012 年李媛媛在《近十年我国职业教育发展轨迹研究——基于六种职教期刊文献分析的视角》一文中以《教育与职业》《中国职业技术教育》《职业教育研究》《职业技术教育》《职教通讯》《职教论坛》六种职业教育期刊在 2001—2010 年所刊载的论文为研究对象，从研究水平维度、研究领域维度、研究群体维度三个方面对我国的职业教育进行揭示。对它们近十年的发文量、被引频次的总量及两者的年度变化、论文主题分布情况及年度变化、核心著者及研究机构的组成及合作情况等进行文献计量分析。

2014 年席东梅在《职业教育研究的热点领域和前沿主题——基于 4 种职业教育期刊 2011—2013 年刊载文献的分析》一文中应用 CiteSpace Ⅲ 软件对 4 种职业教育类 2011 年版北大中文核心期刊文献高频关键词进行统计，CNKI 检索工具对高频引文献排序及学术关注度进行分析，提炼出三年的职业教育研究的热点领域及研究前沿主题。

2014 年肖凤翔、陈潇在《国际职业教育主流理论与研究热点的可视化分析》一文中运用可视化软件 CiteSpace 对 SSCI 收录的四种职业教育类期刊文章进行分析，绘制了国际职业教育研究的知识图谱。从知识图谱可以看出，国际职业教育研究的三大主流领域为工作场所学习、职业咨询和职业心理学实证研究。除三大主流领域的热点外，最新涌现的研究热点还有社会公正和职业认同。

2015 年林克松、石伟平在《改革语境下的职业教育研究——近年中国职业教育研究前沿与热点问题分析》一文中研究发现在改革的语境下，探索经济社会转型背景下我国职业教育发展的使命和转向、构建现代职业教育体系、创新职业教育办学模式与人才培养模式、职业教育质量保障与评估、推进职业教育治理体系和治理能力现代化、职业教育公平治理及职业教育课程、教学及教师的标准化等方面构成近年我国职业教育研究的前沿和热点问题。研究问题紧扣改革主题，但尚未形成整体架构；研究领域不断扩张，但缺乏系统性的协同；研究范式体现多元，但结构主义范式仍为主导，这反映出近年我国职业教育研究的主要特征。

2015 年孙日强在《近年来我国职业教育研究热点知识图谱分析——基于学问论文的共词分析》一文中以 CNKI 数字图书馆里近 5 年的"中国优秀硕、博士学位论文全文数据库"为数据源，并利用软件 BICOMB 和 SPSS20 对文献进行统计分析，绘制职业技术教育学研究热点知识图谱。研究结果表明，职业教育研究热点主要集中在 7 个领域：中职课程及培养模式研究、职业教育校企合作研究、项目课程研究、职校学生研究、就业创业教育研究、教师专业发展研究及农村职业教育研究。

2015 年范明惠、胡瑜在《近 10 年我国职业教育研究特点知识图谱》一文中采用关键词共词分析法，描述当前国内职业教育研究取向与热点分布，旨在为国内研究者了解该领域的研究现状以及为今后在职业教育领域内的研究提供有力的数据和科学支持。利用 BICOMB 软件及 SPSS 软件对从中国知网中查询到的 2005—2015 年的 3 269 篇职业教育研究相关文献进行了知识图谱的绘制。其结果显示职业教育研究主要从 5 个热点领域展开，分别是农村职业教育、职业教育的发展研究、发达国家职业教育及其对我国职业教育改革启示研究、职业教育的质量研究和职业教育人才培养研究。

2016 年闫广芬、张栋科在《基于 CiteSpace Ⅲ 的中国职业教育研究知识图谱分析》一文中使用知识图谱软件 Cite Space Ⅲ 对南大核心期刊数据库收录的 1998—2014 年职业教育相关文献进行量化统计，探究文献的时间与期刊分布及特点，绘制机构合作图谱，梳理核心研究机构及其影响力，绘制期刊共被引图谱，揭示高被引文献及其特点，绘制关键词共现图谱，探寻研究热点及前沿分布。

2016 年安旺国在《我国民族职业教育研究热点与主题聚类——基于科学知识图谱的实证分析》一文中以中国知网（CNKI）1986—2016 年收录的 356 篇民族职业教育研究文献为样本，运用知识图谱方法及可视化技术，分别从文献数量与年度分布、期刊来源与知识基础、核心作者与机构分布、关键词共现与主题聚类等方面进行科学计量分析，揭示近 30 年国内民族职业教育研究的现状、热点及发展趋势。

2016 张军霞、祁占勇在《我国中等职业教育政策研究热点分析》一文中以中国知网为文献数据来源，采用文献计量学中的共词分析、聚类分析等方法对我国中等职业教育政策进行定量与定性研究。研究表明，中等职业教育政策研究文献量呈波动上升趋势，高产期刊主要来自职业教育专业性期刊和核心期刊，围绕中等职业教育师资队伍建设政策、免费教育政策、中高职衔接政策、人才培养模式政策、经费投入政策领域形成研究热点。中等职业教育还需要强化招生政策、课程政策、政策文本、中等职业院校学生就业政策等方面的研究。

2017 李海洲等在《近 5 年我国职业教育研究热点及发展态势——基于北大中文核心期刊载文的 CiteSpace Ⅲ 和中国知网计量分析》一文中以中国知网职业教育为研究主题的 23 290 篇核心期刊文献为研究对象，通过 CiteSpace Ⅲ 和中国知网对相关数据进行处理，同时利用二次检索，对近 5 年来职业教育研究内容进行分析讨论，并预测了未来的研究趋势。

2017 年洪波在《我国高等职业教育研究的知识图谱分析——基于 1992—2016 年核心期刊文献》一文中基于 CNKI 数据库，以 1992—2016 年发表在北大核心和南大核心期刊上的 9 404 篇高等职业教育相关论文为研究对象，采用文献计量学与信息可视化技术相结合的方法，应用信息可视化软件 CiteSpace 对文献关键词绘制知识图谱，归纳出该领域的研究热点、演进过程和前沿趋势，为我国高等职业教育未来发展及知识体系建构提供参考和借鉴。

通过对以上论文研究成果的综述可以看出，2005—2017 年国内对于职业教育研究热点变迁方面的研究是一种积极而有益的探索，取得了一定的成绩，为我们展开进一步深入研究提供了较好的现实基础和理论支撑。但是，从研究视角与方法来看，既有研究的研究视野狭窄，研究手段和方法仍显单一，对于科技成果的统计整理主要依靠对题名和关键词的整理，具有一定的主观性。综合运用文献法、文献计量法和类比分析法，对 2005—2017 年我国职业教育研究热点变迁进行深入研究，具有重要的学术价值和实践意义，而且有较大研究空间，是一个需要进一步深入研究的领域。

三、研究设计

（一）数据来源

本项目数据来源选取的是北大核心期刊目录中关于职业教育的期刊及发表职业教育论文比较多的普通期刊，共 54 种，如表 1-1 所示。研究的时间为 2005 年 1 月到 2017 年 12 月，共 13 年，以高职、中职、职业教育、高等职业、中等职业等与职业教育相关的词语作为主题词进行统计，共得到具有研究价值的论文 66 006 篇。

表 1-1 期刊列表

当代教育科学	中国大学教学	湖南师范大学教育科学学报
教育评论	教育学报	河北师范大学学报（教育科学版）
当代教育与文化	思想教育研究	华东师范大学学报（教育科学版）
电化教育研究	中国特殊教育	教育研究
中国电化教育	教育科学	北京大学教育评论
上海教育科研	职教论坛	教育发展研究
继续教育研究	教育与职业	清华大学教育研究
中国高教研究	中国职业技术教育	比较教育研究

中国高等教育	职业教育研究	教师教育研究
复旦教育论坛	职业技术教育	教育与经济
高等工程教育研究	现代教育管理	职教通讯
江苏高教	教育探索	开放教育研究
学位与研究生教育	教育学术月刊	中国成人教育
现代大学教育	全球教育展望	中国远程教育
高教探索	外国教育研究	民族教育研究
大学教育科学	黑龙江高教研究	教育理论与实践
高教发展与评估	中国教育学刊	成人教育
高校教育管理	高等教育研究	国家教育行政学院学报

（二）研究内容

本项目通过对 2005—2017 年的职业教育的论文进行定量分析，从中分析职业教育主题迁移的历史变化，进而总结我国职业教育文献研究的情况，并对之后学者的研究提供便利。

本项目的研究水平维度包括数量和质量两个变量，数量主要通过发文总量反映，质量主要通过被引频次总量反映。在研究中借助统计工具，从单个研究对象中抽取出论文题目、作者、关键词、发文时间等，通过聚类分析、共引分析等方法，从文献的角度发掘 2005—2017 年热点主题，并分析持续成为热点的研究主题，揭示它们的年度变化情况。

主要研究内容包括：

- 职业教育论文发文总量及按年度分析
- 职业教育论文被引频次总量及按年度分析
- 职业教育论文年度热点主题分析
- 职业教育论文期刊来源分析
- 职业教育论文核心作者与机构分布分析
- 职业教育论文地域分布分析
- 职业教育论文依托项目分析
- 职业教育论文主题分布分析

（三）研究方法

1. 文献法

利用中国知网（CNKI）收集 2005 年 1 月到 2017 年 12 月北大核心期刊目录中比较具有代表性的 54 种教育类期刊中的职业教育相关论文，对其进行分析，梳理和解读国内职业教育领域相关论文的研究热点变迁。

2. 文献计量法

文献计量法，又称文献统计分析，即利用统计学方法以各种文献外部特征为研究对象的定量分析方法。本研究拟运用可视化知识图谱法和词频统计法等多种文献计量研究方法全面分析 2005—2017 年我国职业教育研究热点变迁状况。可视化知识图谱法和词频统计法对研究内容进行直观的呈现，可以使相对复杂的中国 2005—2017

年职业教育研究主题变化状况条分缕析地展现在读者面前，清晰明了。

3. 类比分析法

类比分析法是工程分析常用的方法，也是定量结果较为准确的方法。在本研究中主要利用类比分析法比较职业教育期刊各自的特点，如期刊的载文量、期刊的影响因子、总发文量、总被引频次等。

4. 词频统计法

关键词词频统计法和词篇聚类分析法是比较常用的两种数据处理方式，在共词分析中，两种方法的结合使用可以定量、定性结合，取长补短，有助于增强计量结果的可信度与准确性。由于本项目的数据来源期刊较多、时间跨度较大，相应的文献数据量非常之大，故而通过 Python 软件编程统计关键词的频次、排序，结合领域专业知识，分析高频词所承载的内容，将主题进行相应的分类与组织，从而揭示领域研究的范围和热点。

5. 聚类分析法

聚类分析法是通过高频关键词的确认，生成由全部论文和高频词构建的词篇矩阵，并通过聚类分析的方法，把众多索要分析的元素之间错综复杂的共词网状关系简化为数目相对较少的若干类群之间的关系，最终以聚类树状图的形式直观地呈现出主流研究领域的结构及其关系。本项目通过 Python 软件编程生成高频关键词的词篇矩阵，并借助 SPSS 软件进行可视化的聚类分析，从而揭示 2005—2017 年职业教育领域的研究主题分布。

6. 多维尺度分析法

多维尺度分析的原理是通过指定观测量在概念空间的一个特定位置，得到空间中距离的相似性。由于分析的对象以点状分布，根据点的位置分布可以了解分析对象在研究中的地位。有高度相似性的对象聚在一起，形成一个类别，越处在中间的对象越核心。因此，借由多维尺度分析，可以判断学术热点及学术领域在研究领域中的位置。

第二章　2005—2017 年职业教育
论文总体情况

一、职业教育论文发文量情况

（一）发文量

从文献分布的规律来看，大多数重要的学术论文都集中在高质量的期刊中，因而本研究对于期刊的发文量统计，可以从一个侧面反映职业教育学的发展状况。如表 2-1 所示，关于职业教育领域发文最多的期刊为《教育与职业》，总共有 10 791 篇论文，另外《职业技术教育》《职教论坛》《中国职业技术教育》《职业教育研究》《职教通讯》《中国成人教育》《成人教育》《继续教育研究》这些期刊的论文都超过了 1 000 篇。各期刊的年度发文量如表 2-2～表 2-6 及图 2-1 所示。

表 2-1　54 种期刊 2005—2017 年发文量

单位：篇

期刊	发文量	期刊	发文量	期刊	发文量
教育与职业	10 791	教育学术月刊	265	民族教育研究	61
职业技术教育	8 529	河北师范大学学报（教育科学版）	278	教育科学	59
职教论坛	8 432	高教探索	289	大学教育科学	53
中国职业技术教育	8 146	高等工程教育研究	219	高校教育管理	47
职业教育研究	7 925	中国教育学刊	207	电化教育研究	44
职教通讯	5 917	教育研究	188	全球教育展望	37
中国成人教育	4 380	当代教育科学	171	清华大学教育研究	36
成人教育	1 578	高等教育研究	165	思想教育研究	35
继续教育研究	1 293	国家教育行政学院学报	166	教师教育研究	27
中国高教研究	808	中国大学教学	132	学位与研究生教育	24
教育探索	748	外国教育研究	109	现代大学教育	28
黑龙江高教研究	719	中国远程教育	83	复旦教育论坛	25
教育理论与实践	634	比较教育研究	92	开放教育研究	25
教育发展研究	678	教育与经济	74	上海教育科研	20
中国高等教育	622	高教发展与评估	80	教育学报	21

续表

期刊	发文量	期刊	发文量	期刊	发文量
现代教育管理	360	中国电化教育	65	北京大学教育评论	20
教育评论	318	湖南师范大学教育科学学报	72	当代教育与文化	14
江苏高教	310	中国特殊教育	70	华东师范大学学报（教育科学版）	15

表 2-2　排名前 10 名的期刊职业教育论文发文量

单位：篇

年度	教育与职业	职业技术教育	职教论坛	中国职业技术教育	职业教育研究	职教通讯	中国成人教育	成人教育	继续教育研究	中国高教研究
2017	405	483	589	577	188	657	42	72	61	39
2016	435	660	645	602	205	701	60	48	83	33
2015	732	621	632	597	203	713	341	66	118	48
2014	1 119	742	721	682	428	707	409	126	104	56
2013	1 054	639	815	640	661	681	482	151	116	59
2012	1 069	667	892	622	834	714	421	199	195	61
2011	1 007	666	863	672	982	431	437	200	182	84
2010	990	679	900	737	839	266	549	138	146	88

续表

年度	教育与职业	职业技术教育	职教论坛	中国职业技术教育	职业教育研究	职教通讯	中国成人教育	成人教育	继续教育研究	中国高教研究
2009	973	698	714	666	800	200	478	135	115	88
2008	998	832	402	628	825	215	530	130	85	83
2007	867	725	351	621	815	231	396	127	47	62
2006	640	694	352	556	643	206	158	123	24	56
2005	502	423	556	546	502	195	77	63	17	51
总和	10 791	8 529	8 342	8 146	7 925	5 917	4 380	1 578	1 293	808

表 2–3 排名 11～21 名的期刊职业教育论文发文量

单位：篇

年度	教育探索	黑龙江高教研究	教育发展研究	教育理论与实践	中国高等教育	现代教育管理	教育评论	江苏高教	高教探索	河北师范大学学报（教育科学版）	教育学术月刊
2017	13	43	32	54	19	64	50	26	39	26	17
2016	45	39	36	51	16	42	41	25	42	20	15
2015	41	20	42	56	31	42	32	27	26	21	8
2014	75	28	54	59	48	48	49	22	16	18	18
2013	80	76	55	71	50	36	21	24	22	26	20

续表

年度	教育探索	黑龙江高教研究	教育发展研究	教育理论与实践	中国高等教育	现代教育管理	教育评论	江苏高教	高教探索	河北师范大学学报（教育科学版）	教育学术月刊
2012	80	78	44	49	63	26	16	19	17	23	39
2011	60	83	47	57	62	39	14	33	16	27	36
2010	64	76	56	61	67	33	26	26	20	27	41
2009	85	71	80	61	71	30	26	34	17	31	37
2008	85	61	62	57	55	0	15	32	23	33	34
2007	77	56	56	19	58	0	11	11	21	9	0
2006	30	45	57	21	47	0	12	18	15	12	0
2005	13	43	57	18	35	0	5	13	15	5	0
总和	748	719	678	634	622	360	318	310	289	278	265

表 2-4　排名 22~32 名的期刊职业教育论文发文量

单位：篇

年度	高等工程教育研究	中国教育学刊	教育研究	当代教育科学	国家教育行政学院学报	高等教育研究	中国大学教学	外国教育研究	比较教育研究	中国远程教育	高教发展与评估
2017	23	36	15	5	10	6	4	8	6	3	11

续表

年度	高等工程教育研究	中国教育学刊	教育研究	当代教育科学	国家教育行政学院学报	高等教育研究	中国大学教学	外国教育研究	比较教育研究	中国远程教育	高教发展与评估
2016	33	19	17	6	14	9	7	11	6	6	3
2015	22	68	13	26	11	19	8	7	9	6	5
2014	24	4	13	16	17	16	6	10	8	14	4
2013	22	35	19	26	13	17	6	11	12	10	4
2012	15	15	28	23	18	11	11	7	7	7	8
2011	14	4	18	17	13	16	19	11	9	11	7
2010	20	10	10	10	13	17	24	6	11	4	2
2009	8	7	9	13	16	18	16	9	6	5	6
2008	8	1	14	14	10	14	6	5	4	2	7
2007	6	1	12	6	14	9	9	8	0	9	9
2006	12	4	10	9	13	5	7	10	4	5	9
2005	12	3	10	0	4	8	9	6	10	1	5
总和	219	207	188	171	166	165	132	109	92	83	80

表 2-5 排名 33～43 名的期刊职业教育论文发文量

单位：篇

年度	教育与经济	湖南师范大学教育科学学报	中国特殊教育	中国电化教育	民族教育研究	教育科学	大学教育科学	高校教育管理	电化教育研究	全球教育展望	清华大学教育研究
2017	10	1	5	6	4	2	6	10	7	3	4
2016	4	5	7	10	10	3	7	5	3	3	5
2015	11	3	4	3	3	7	3	4	1	4	2
2014	8	5	5	6	2	5	5	4	2	4	5
2013	8	5	5	2	4	4	9	5	3	5	3
2012	5	5	5	5	5	3	0	4	7	1	3
2011	6	6	9	6	6	4	4	6	3	2	5
2010	1	8	6	8	5	4	2	1	8	1	4
2009	5	5	5	9	6	6	4	5	3	7	2
2008	4	10	4	7	7	5	2	1	2	2	1
2007	7	9	8	2	5	8	6	5	3	1	0
2006	2	6	5	1	2	7	3	0	2	3	1
2005	3	4	2	0	2	1	2	0	0	1	1
总和	74	72	70	65	61	59	53	47	44	37	36

表 2-6　排名 44～54 名的期刊职业教育论文发文量

单位：篇

年度	思想教育研究	教师教育研究	现代大学教育	开放教育研究	复旦教育论坛	学位与研究生教育	教育学报	上海教育科研	北京大学教育评论	华东师范大学学报（教育科学版）	当代教育与文化
2017	2	3	0	2	2	4	0	2	1	5	2
2016	2	4	1	3	2	0	1	1	6	2	0
2015	5	2	2	2	0	4	3	2	1	1	2
2014	0	3	4	0	1	4	1	0	2	0	2
2013	3	1	1	1	3	2	1	1	0	0	2
2012	1	4	0	3	1	1	0	1	0	2	2
2011	9	4	7	1	5	1	3	2	1	0	0
2010	1	1	2	5	1	3	1	2	1	1	3
2009	5	1	0	1	2	0	5	4	1	0	1
2008	3	1	3	2	2	2	1	2	1	1	0
2007	2	0	2	1	2	2	3	3	4	1	0
2006	1	2	3	3	1	0	1	0	2	2	0
2005	1	1	3	1	3	1	1	0	0	0	0
总和	35	27	28	25	25	24	21	20	20	15	14

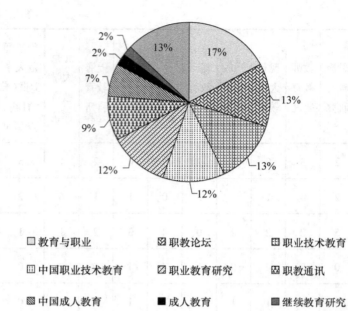

图 2-1 不同期刊发文总量比较

从以上数据可以看出，发文量最多的是 2012 年，为 6 333 篇，发文量最少的是 2017 年，为 3 704 篇。从整体上可以明显看出职业教育领域的发文量在这十三年间前八年呈不断增长的态势，但增长速度逐渐放缓，到 2012 年达到最大值，之后几年不断减少，而且减少的趋势比较明显。从发文量可以推断出 2000 年是职业教育研究的高潮，后来对于职业教育研究的论文量有所减少。

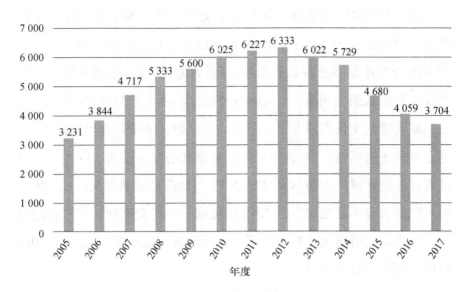

图 2-2 年度发文数量图

（二）发文量年度变化

　　某领域期刊论文在时间上的分布在一定程度上反映了该领域学术研究的理论水平和实践发展速度。选取排名前十的期刊进行研究发现：《成人教育》《职业教育研究》《中国高教研究》为月刊，《中国成人教育》为半月刊，《中国职业技术教育》《职业技术教育》为旬刊，这几本期刊的发文数量相对固定。《继续教育研究》2005—2007 年为双月刊，之后 9 年为月刊；《职教论坛》2005 年为旬刊，2007—2008 年为半月刊，之后变为旬刊；《职教通讯》在 2005—2010 年为月刊，2011 年为半月刊，之后变为旬刊，它们的发文量有所增加。《教育与职业》一直为旬刊，2016 年变为半月刊，发文量减少了。

　　这 10 种期刊每年的职业教育论文发文量如图 2–3、图 2–4 及图 2–5 所示，从图中可以看出，在 2012 年之前，各期刊中关于职业教育的论文还保持着增长的态势，《职教通讯》《继续教育研究》期刊发文量增长最为明显，从 2007—2012 年增长了 3 倍多，《职教论坛》期刊的发文量也增加了 2 倍多，其余期刊的增长速度比较缓慢，甚至有的还有回落。2012 年之后，各期刊的发文量都不断减少。由此可以推测我国职业教育 2005—2017 年的研究发展概况。2012 年之前，职业教育不断发展，在 2012 年出现一个研究高峰，研究保持在一定水平，之后出现了短暂的研究规模回落，尤其在 2015 年、2016 年研究规模下降更明显。

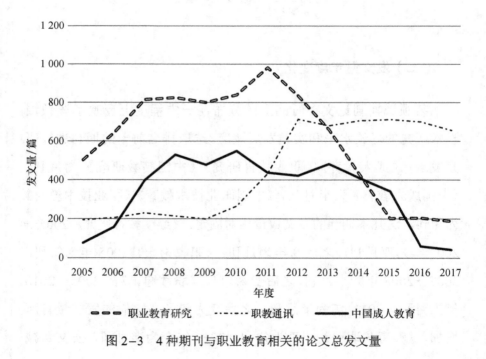

图 2–3　4 种期刊与职业教育相关的论文总发文量

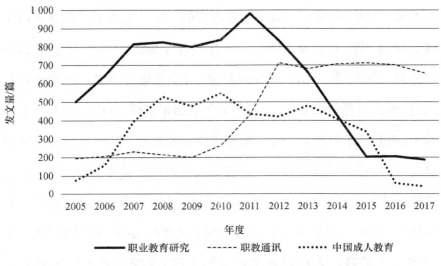

图 2-4　3 种期刊与职业教育相关的论文发文量

图 2-5　3 种期刊与职业教育相关的论文发文量

　　具体比较这 10 种期刊的发文量变化情况，可以看到期刊间的明显差异，2005—2017 年关于职业教育的论文，无论是全部期刊还是核心期刊，发文量都是先增长后下降。《教育与职业》的发文量在 2014 年之前比较稳定，2015 年下降较多。《职业教育研究》的发文量在 2011 年之前有小幅增加，2011 年之后逐年下降。《中国职业技术教育》《职业技术教育》的发文量总体比较稳定，每年在增加与下降间波动，但总体呈下降趋势。《中国成人教育》的发文量在 2015 年之前比较稳定，每年增加减少的幅度不大，但在 2016 年发文量有较大幅度的减少。《职教论坛》的发文量在 2008—2010 年增幅比较大，增加了 2 倍多，之后的发文量不断下降。《职教通讯》的发文量 2009—2012 年增幅明显，增加了 3 倍多，之后几年比较稳定。《继续教育研究》的职业教育论文的发文量从 2007—2012 年不断增长，之后发文量不断减少。《中国高教研究》的发文量一直保持在几十篇，比较稳定。《成人教育》的发文量在 2011 年、2012 年达到高峰后，迅速下降，2016 年降低到最低值。

　　发文量最多的是《教育与职业》，2014 年之前的年平均发文量在 1 000 篇左右，显而易见它在学科中的影响力比较大。《中国职业技术教育》《职业技术教育》的发文量较为稳定，基本稳定在每年 700 篇左右。

　　但是对于论文的优劣及该领域的发展状况，不能仅仅依据发文量的变化来判断，还要分析论文的质量，这可以借助论文的被引频次进行分析。

二、职业教育论文被引用情况

（一）被引用论文量

作为文献载体的期刊，自身的质量参差不齐。成熟的期刊一般具有稳定的质量评价体系和周密的审稿流程，发表在核心期刊上的论文，基本能够代表该学科先进的研究水平，这也是布拉德福定律建立的理论基础。因此，判断职业教育论文质量的优劣，首先要判断职业教育教期刊的质量。文献计量指标能从不同角度客观反映一种期刊的质量和影响力，目前公认被引频次和影响因子是能够有效反映期刊质量的重要指标。

被引频次高，可以在一定程度上说明该期刊在学术交流中受重视。影响因子（IF）是进行期刊评价、衡量期刊影响力的指标，公式表示为：IF=该期刊前两年发表的论文在评价当年被引用总次数/该刊前两年发表论文总数。影响因子越大，说明期刊的影响力越大。表 2—7 列出了这 54 种期刊的被引论文量。其中，《教育与职业》被引论文量最多，共 7 021 篇；排在其后的为《职业教育研究》《职教论坛》《职业技术教育》《中国职业技术教育》《职教通讯》《中国成人教育》，这些期刊的被引论文量都超过了 2 000 篇。下文着重分析这七种期刊 2005—2017 年被引频次。

表 2-7 54 种期刊 2005—2017 年被引论文量

单位：篇

期刊	被引论文量	期刊	被引论文量	期刊	被引论文量
湖南师范大学教育科学学报	65	华东师范大学学报（教育科学版）	12	当代教育科学	116
河北师范大学学报（教育科学版）	225	教育学报	11	教育评论	206
当代教育与文化	8	思想教育研究	25	中国大学教学	110
电化教育研究	34	中国特殊教育	58	教育研究	160
中国电化教育	52	教育科学	54	北京大学教育评论	10
上海教育科研	10	职教论坛	4 951	教育发展研究	453
继续教育研究	1 046	教育与职业	7 021	清华大学教育研究	30
中国高教研究	685	中国职业技术教育	4 754	比较教育研究	82
中国高等教育	451	职业教育研究	5 265	教师教育研究	24
复旦教育论坛	20	职业技术教育	4 760	教育与经济	54
高等工程教育研究	175	现代教育管理	225	职教通讯	3 093

续表

期刊	被引论文量	期刊	被引论文量	期刊	被引论文量
江苏高教	251	教育探索	631	开放教育研究	11
学位与研究生教育	16	教育学术月刊	217	中国成人教育	2 868
现代大学教育	23	全球教育展望	27	中国远程教育	34
高教探索	196	外国教育研究	78	民族教育研究	44
大学教育科学	37	黑龙江高教研究	208	教育理论与实践	437
高教发展与评估	52	中国教育学刊	97	成人教育	1 228
高校教育管理	37	高等教育研究	121	国家教育行政学院学报	129

表 2-8 2005—2017 年七种期刊被引论文量

单位：篇

时间	职教论坛	教育与职业	中国职业技术教育	职业教育研究	职业技术教育	职教通讯	中国成人教育	总和
2017 年	79	105	128	38	80	73	1	504
2016 年	264	214	302	79	185	259	14	1 317
2015 年	342	450	329	105	291	336	172	2 025
2014 年	442	686	405	276	356	378	243	2 786

时间	职教论坛	教育与职业	中国职业技术教育	职业教育研究	职业技术教育	职教通讯	中国成人教育	总和
2013 年	520	673	400	408	389	420	304	3 114
2012 年	586	672	383	577	427	485	261	3 391
2011 年	587	693	424	688	455	286	290	3 423
2010 年	610	661	475	607	432	174	402	3 361
2009 年	438	666	420	538	464	142	340	3 008
2008 年	255	670	390	569	518	153	384	2 939
2007 年	223	646	409	600	483	130	274	2 765
2006 年	252	501	350	469	443	137	125	2 277
2005 年	353	384	339	311	237	120	58	1 802
总和	4 951	7 021	4 754	5 265	4 760	3 093	2 868	32 712

由此看出，这七种期刊的总被引用论文量与发文量的增长保持相应的变化趋势，具体表现为 2011 年前缓慢增长，2012 年后急速下降。《教育与职业》的总被引论文量与其发文量一致，居于领先地位，说明多年来该期刊一直保持在职业教育领域内的重要影响力。几种期刊的论文被引用论文量与其发文量保持一致。

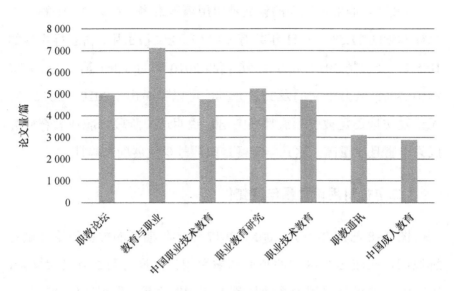

图 2-6 2005—2017 年七种期刊被引论文量比较

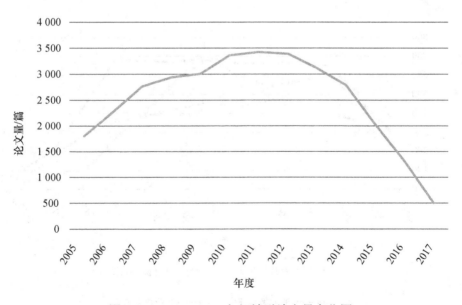

图 2-7 2005—2017 年间被引论文量变化图

《教育与职业》发表的论文被引用篇数最多，高达 7 021 篇，占总样本量的 21.5%。2011 年共有 3 423 篇论文被引用，占总样本量的 10.5%；其次是 2012 年的 3 396 篇和 2010 年的 3 361 篇，占 10.4% 和 10.3%。结合上文的发文量分析，可以推断出，2010—2012 年，无论发文量还是被引频次都很突出，说明这个阶段，职业教育研究成果丰富且质量高，这几年无疑是职业教学发展的高峰期。

（二）被引用论文量年度变化

图 2-8 与图 2-9 是 2005—2017 年七种期刊的被引用论文量的折线图，比较图 2-8 的四种期刊被引用论文量与图 2-4 的发文量，以及图 2-9 的被引用论文量与图 2-5 的发文量，发现彼此图形基本一致。

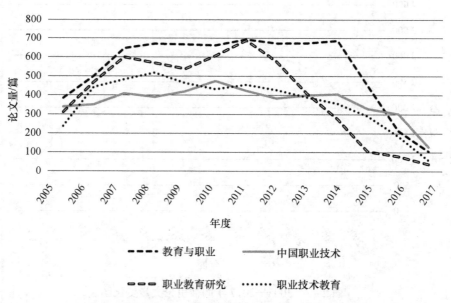

图 2-8　2005—2017 年四种期刊被引用论文量变化图

图 2-9 2005—2017 年三种期刊被引用论文量变化图

三、职业教育论文被引频次

（一）被引频次情况

期刊所载论文的质量有高低之分，研究职业教育的发展水平，除了分析职业教育论文的数量外，还必须挖掘论文的质量水平。评判一篇论文的质量水平，文献计量学中，对此有专门的评判标准，即论文被引频次。与载文量指标相比，被引频次指标具有更强的集中性特征，一种期刊论文被引月的次数越多，说明它在信息交流中越活跃，对本学科的贡献和影响越大，在本学科领域中的地位越高。对于被引频次分析仍选用与"职业教育论文被引用情况"相同的职业教育论文发文量比较大的七和期刊。

每种期刊选取其被引频次排名前 100 的论文，从这些论文中抽取发文时间作为分析点，共得到 700 组数据，如表 2-9 所示。

表 2-9　被引频次排名前 100 名的论文被引频次总数

时间	教育与职业	职教论坛	中国职业技术教育	职业教育研究	职业技术教育	职教通讯	中国成人教育	年度总量
2005 年	1 521	1 730	1 936	456	1 456	510	46	7 655
2006 年	2 161	1 444	2 589	902	1 775	837	169	9 877
2007 年	1 436	478	2 087	900	528	393	642	6 464
2008 年	793	1 076	1 796	922	758	349	709	6 403
2009 年	383	250	292	436	541	89	651	2 642
2010 年	838	405	529	180	779	132	626	3 489
2011 年	116	366	508	380	1 136	218	167	2 891
2012 年	263	442	870	71	355	157	20	2 178
2013 年	129	682	0	0	55	58	45	969
2014 年	63	494	319	29	343	95	0	1 343
2015 年	0	0	0	0	107	56	43	206
2016 年	0	86	130	104	0	24	0	344
总数	7 703	7 453	11 056	4 380	7 833	2 918	3 118	44 461

由图 2-10 可以看出，对于七种期刊被引频次排名前 100 的论文进行统计，发现其被引频次不断下降。由图 2-11 可以看出，每种期

刊论文的被引频次都呈下降趋势，尤其在 2015 年、2016 年达到了最低点，几乎为 0。表 2-10 列出了被引频次排名前 100 的论文年度被引论文总量。

图 2-10　每种期刊被引频次排名前 100 的论文被引频次总量图

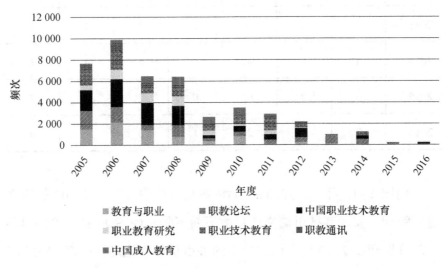

　■ 教育与职业　　■ 职教论坛　　■ 中国职业技术教育
　■ 职业教育研究　　■ 职业技术教育　　■ 职教通讯
　■ 中国成人教育

图 2-11　七种期刊被引频次排名前 100 的论文被引频次总量图

表 2-10 被引频次排名前 100 的论文年度被引论文总量

时间	职教论坛	教育与职业	中国职业技术教育	职业教育研究	职业技术教育	职教通讯	中国成人教育
2005 年	24	19	21	10	15	16	2
2006 年	16	28	20	18	16	24	5
2007 年	9	17	15	22	9	13	23
2008 年	13	9	16	24	11	12	17
2009 年	5	7	4	7	9	4	20
2010 年	8	11	8	5	12	6	21
2011 年	6	2	5	7	14	9	7
2012 年	7	4	5	4	6	6	1
2013 年	6	2	0	1	1	3	1
2014 年	4	1	4	1	5	4	1
2015 年	0	0	0	0	2	2	2
2016 年	2	0	2	1	0	1	0

由图 2-12 可以看到，对于七种期刊被引频次排名前 100 的论文进行统计，发现其被引论文的篇数不断下降。由图 2-13 可以看出，大部分期刊在 2010 年之前的论文的被引篇数相比还比较多，2011 年开始有所下降，尤其在 2015 年、2016 年达到了最低点，几乎为 0。

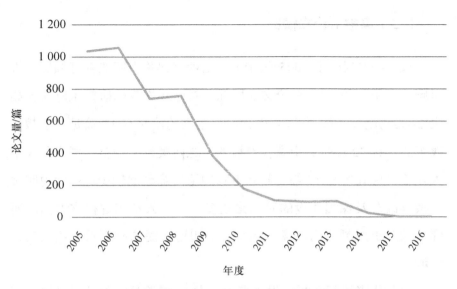

图 2-12　被引频次排名前 100 的论文被引论文量图

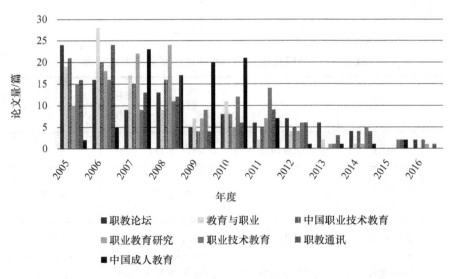

■职教论坛　　■教育与职业　　■中国职业技术教育
■职业教育研究　　■职业技术教育　　■职教通讯
■中国成人教育

图 2-13　七种期刊被引频次排名前 100 的论文被引论文量图

（二）高被引论文情况

表 2–11 列出了 2005—2017 年七种期刊关于职业教育领域的被引频次大于 100 的所有论文的情况。对这些文章的研究主题统计如表 2–12 所示，可以发现被引频次比较高的论文有 17 篇是关于教学改革的，有 22 篇是关于课程建设的，这两类论文最多；再次是关于人才培养模式的有 12 篇，其余主题的论文篇数比较少。由此说明关于教学改革及课程建设的研究比较多，很多人都在进行这方面的研究，因此引用频次比较高，同时也说明这方面的研究水平相比其他领域高一些。

对于作者进行分析，发现姜大源共有 9 篇论文的被引频次都超过了 100 次，石伟平有 5 篇，徐国庆有 3 篇，其余作者的基本都是 1～2 篇。

表 2–11　被引频次大于 100 的论文研究情况统计表

研究主题	期刊	时间	被引频次	作者
教学改革	中国职业技术教育	2006 年 8 月	595	贺平
职业教育基本问题	职业技术教育	2006 年 1 月	524	姜大源
课程建设	中国职业技术教育	2007 年 2 月	471	徐国庆
课程建设	中国职业技术教育	2008 年 9 月	440	姜大源
课程建设	中国职业技术教育	2007 年 1 月	414	姜大源

研究主题	期刊	时间	被引频次	作者
校企合作	中国职业技术教育	2012 年 2 月	402	张志强
课程改革	中国职业技术教育	2006 年 1 月	328	石伟平
课程建设	中国职业技术教育	2006 年 3 月	267	姜大源
教学改革	教育与职业	2008 年 4 月	263	徐肇杰
职业道德、职业能力	职教论坛	2014 年 8 月	261	王丽媛
人才培养模式（学徒制）	职业技术教育	2011 年 11 月	239	关晶，石伟平
职业教育基本问题	职业技术教育	2006 年 2 月	238	姜大源
课程建设	教育与职业	2007 年 10 月	231	赵志群
中高职衔接	教育研究	2012 年 5 月	227	徐国庆，石伟平
人才培养模式	教育与职业	2005 年 7 月	220	李桂霞
人才培养模式（学徒制）	职教论坛	2013 年 6 月	219	谢俊华
课程改革	中国职业技术教育	2005 年 9 月	216	赵丹丹
学科建设	教育与职业	2006 年 5 月	215	应智国
职业能力	职业技术教育	2005 年 2 月	208	孙文学
实践教学	中国职业技术教育	2006 年 9 月	208	姚丽梅
实践教学	职教论坛	2006 年 9 月	202	李占军

续表

研究主题	期刊	时间	被引频次	作者
课程建设	职业技术教育	2005 年 11 月	197	石伟平
人才培养问题分析	中国职业技术教育	2012 年 5 月	193	郭智奇
教学改革	职教论坛	2013 年 2 月	192	王彩霞
教学改革	中国成人教育	2008 年 6 月	188	洪霄
职业教育发展	职业技术教育	2011 年 7 月	186	姜大源
人才培养模式	中国职业技术教育	2007 年 3 月	182	耿洁
课程建设	职教论坛	2008 年 10 月	181	徐国庆
教学改革	中国职业技术教育	2007 年 2 月	169	刘邦祥
课程体系	中国职业技术教育	2005 年 1 月	169	胡燕燕
课程建设	职教论坛	2008 年 1 月	168	赵志群
企业实习	中国职业技术教育	2008 年 5 月	159	张雁平，成军
教师师资培养	教育与职业	2006 年 4 月	158	黄斌
课程建设	职教论坛	2005 年 6 月	156	雷正光
实践教学	中国职业技术教育	2006 年 11 月	149	郭家星
教学改革	职教论坛	2006 年 1 月	149	刘邦祥
课程建设	职业技术教育	2008 年 5 月	147	高林，鲍洁

研究主题	期刊	时间	被引频次	作者
人才培养	职教论坛	2005 年 9 月	144	杨仁发
课程改革	职教论坛	2014 年 2 月	142	杨明
教师师资培养	中国职业技术教育	2012 年 5 月	142	肖凤翔，张弛
技能大赛	教育与职业	2010 年 1 月	141	刘焰
课程建设	教育与职业	2008 年 6 月	140	刘家枢，徐涵
高职发展	职教论坛	2006 年 12 月	136	胡秀锦
高职发展	教育与职业	2007 年 12 月	135	刘占文
校园文化	职教论坛	2006 年 6 月	134	朱发仁
课程建设	中国职业技术教育	2005 年 2 月	134	戴立黎
教师师资培养	职业技术教育	2005 年 5 月	134	贺应根
课程建设	教育与职业	2006 年 12 月	134	赵智
人才培养模式	职教论坛	2006 年 5 月	131	曾令奇
教学改革	职业技术教育	2014 年 3 月	130	霍红，刘妍
实践教学	职教论坛	2005 年 2 月	129	应金萍
学科建设	中国职业技术教育	2007 年 4 月	126	姜大源
人才培养模式	中国职业技术教育	2005 年 10 月	125	马树超
教学改革	中国职业技术教育	2008 年 4 月	124	石伟平

续表

研究主题	期刊	时间	被引频次	作者
教学改革	中国职业技术教育	2014 年 9 月	122	张灵芝
中高职衔接	职业技术教育	2011 年 3 月	122	朱雪梅
课程建设	职教论坛	2011 年 5 月	119	陈晓琴
课程建设	职教论坛	2005 年 5 月	118	卢学红
教师师资培养	中国职业技术教育	2005 年 1 月	118	丁钢
课程建设	职业技术教育	2005 年 11 月	118	徐涵
教师师资培养	职业技术教育	2005 年 7 月	117	李利
职业能力	中国职业技术教育	2005 年 8 月	116	姜大源
教学改革	职教论坛	2008 年 5 月	114	许高炎
校园文化	教育与职业	2006 年 3 月	114	雷久相
中高职衔接	职教论坛	2012 年 5 月	114	荀莉
实践教学	职业技术教育	2006 年 3 月	113	潘素菊
课程建设	中国职业技术教育	2006 年 11 月	113	张家寰
教学改革	职教论坛	2013 年 12 月	112	薛栋
课程建设	教育与职业	2007 年 12 月	112	孙慧平
教学改革	职教论坛	2007 年 10 月	111	徐朔
人才培养模式	职业技术教育	2005 年 2 月	110	余向平

续表

研究主题	期刊	时间	被引频次	作者
职业教育发展	职业技术教育	2007 年 9 月	109	王明伦
中高职衔接	职业技术教育	2010 年 9 月	109	任平，陈文香
职业培养体系	中国职业技术教育	2007 年 1 月	108	姜大源
人才培养模式	中国职业技术教育	20067 年 12 月	108	李忠华
人才培养模式	职教论坛	2005 年 6 月	106	翟向阳
校园文化	教育与职业	2006 年 2 月	105	雷久相
人才培养模式	教育与职业	2007 年 7 月	105	陈维彬
课程建设	中国职业技术教育	2008 年 7 月	105	李学锋
教学改革	职业技术教育	2016 年 2 月	104	王新宇
职业培养体系	职教论坛	2005 年 6 月	103	李仕伍
职业教育工学结合	职业技术教育	2008 年 2 月	102	周明星
实践教学	职业教育研究	2006 年 7 月	102	孙连栋
教学改革	职业教育研究	2011 年 8 月	101	徐锋
教育公平	职业教育研究	2005 年 6 月	101	张德元

表 2-12　被引频次大于 100 的论文研究主题统计表

研究主题	篇数
企业实习	1
课程建设	22
校企合作	1
教学改革	17
职业道德、职业能力	4
人才培养模式	12
职业教育发展	6
教师师资培养	5
技能大赛	1
学科建设	2
中高职衔接	3
教育公平	1
职业培养体系	2
职业教育工学结合	1
实践教学	6
校园文化	3

　　表 2-13 统计了 2007—2016 年七种期刊被引频次排名前 100 的论文的主题统计情况。关于人才培养模式研究的论文有 180 篇，篇数最多；其次关于课程建设、校企合作、教学改革的论文也比较多，分别有 108 篇、72 篇及 69 篇；其余涉及的研究主题还包括中高职衔接、职业能力职业素养、教育战略、职业生涯规划、师资队伍建设、职业教育现状、专业建设、评价模式、考核体系等。对于研究比较多的人才培养模式、课程建设、教学改革、校企合作、职业能力职业素养等主题的研究主要集中在 2007—2011 年。

表 2-13　七种期刊被引频次排名前 100 的论文研究主题统计表

时间	中高职衔接	人才培养模式	课程建设	教学改革	校企合作	职业能力、职业素养	教育战略	职业生涯规划	师资队伍	现状	专业建设	评价模式	考核体系
2005 年	0	8	16	4	2	8	12	4	7	8	0	1	1
2006 年	1	6	16	9	3	5	9	1	11	6	5	1	4
2007 年	3	36	21	19	8	13	2	4	12	4	4	2	3
2008 年	2	34	21	21	11	11	4	1	10	9	4	1	0
2009 年	1	19	15	24	15	13	1	0	6	2	3	4	0
2010 年	7	30	8	15	13	11	3	1	8	4	4	6	0
2011 年	12	22	2	12	20	6	2	0	3	1	0	0	0
2012 年	13	14	1	0	3	2	6	0	4	3	1	3	0

续表

时间	中高职衔接	人才培养模式	课程建设	教学改革	校企合作	职业能力、职业素养	教育战略	职业生涯规划	师资队伍	现状	专业建设	评价模式	考核体系
2013 年	2	6	1	5	2	2	1	0	0	0	0	0	0
2014 年	3	8	0	9	0	1	2	0	0	5	0	0	0
2015 年	0	9	0	3	0	0	0	0	0	0	0	0	0
2016 年	0	2	0	1	0	0	2	0	0	0	0	0	0
总和	43	180	69	108	72	59	23	6	43	28	16	16	3

（三）高被引论文量与政策关系分析

观察表 2-13，发现关于中高职衔接的论文在 2011—2012 年增多，关于校企合作的论文在 2011 年前也不断增多，而关于师资队伍建设的论文在 2007—2008 年比较多。这些论文的研究与当时的职业教育政策是休戚相关的。

根据各期刊被引频次排名前 100 的论文统计，2007 年 1 月姜大源发表论文《德国职业教育学习领域的课程方案研究》，该论文被引用 400 多次，2007 年 2 月刘邦祥发表论文《德国职业教育行动导向的教学组织研究》，牛晓燕在 2007 年 3 月发表论文《德国职教师资培养体系及其特点》，高育奇在 2007 年 7 月发表论文《德国职业教育的特色及其对我国职业教育的启示》，上述论文的被引频次都非常高。这说明当年有大批研究者研究德国的职业教育方案，因为当时我国与德国的合作非常频繁：在 2007 年 9 月教育部副部长吴启迪出席"中德论坛：高层次应用型人才培养"开幕式并致辞，2007 年 11 月 12 日教育部副部长吴启迪会见德国 InWEnt（德国继续教育与发展协会）总裁 Popp 先生，2007 年 3 月 13 日教育部副部长吴启迪会见德国联邦议院对外文化教育政策委员会主席彼得高韦尔勒一行。

2007 年教育部办公厅、财政部办公厅印发《中等职业学校中等专业师资培养培训方案、课程和教材开发项目实施办法》《关于组织实施中等职业学校专业骨干教师培训工作的指导意见》，2007 年 9 月 15 日"中国教师发展论坛"在浙江省杭州市举行，2008 年 1 月 11 日，召开了中等职业学校重点专业师资培训开发项目研讨会在同济大学召开。这一系列的举措了，表明了国家对职业教育师资队伍的重视。在这两年内涌现了大量的关于教师师资的论文。

在 2007—2008 年，期刊被引频次排名在前 100 的论文中有许多与教师师资相关的内容，2007 年 2 月黄儿松发表论文《高职院校"双师型"师资建设探析》，王素芳发表论文《高职院校师资队伍存在的问题及对策分析》，曹晔发表论文《重视兼职教师的发展　构建二元化"双师型"师资队伍》，2007 年 3 月许士群发表论文《高职院校"双师型"教师队伍建设的有效途径》，2007 年 4 月，周燕莉发表论文《中等职业教育师资队伍建设探析》，吴全全发表论文《关于职教教师专业化问题的思考》，2007 年 6 月黄献红发表论文《关于"双师型"教师队伍建设的实践与思考》，2007 年 7 月徐涵发表论文《从制度层面看我国职业教育教师的专业化发展》，2007 年 12 月郭杨发表论文《高职院校师资队伍建设水平的初步分析》，2008 年 1 月张忠海发表论文

《谈高职院校兼职教师的管理与考核》，2008年2月马起鹏发表论文《浅谈高职院校"双师素质"师资队伍建设》，2008年4月何农发表论文《关于"双师型"教师内涵的辨析》，2008年6月金泽龙发表论文《高职教师专业发展内涵与误区的分析思考》，2008年7月贺文瑾发表论文《"双师型"职教教师的概念解读（上）》，朱孝平发表论文《"双师型"教师概念：过去、现在与将来》，2008年9月王继平发表论文《"双师型"与职业教育教师专业化》，2008年11月张君华发表论文《高职教师专业发展的内涵及发展途径探讨》。

2010年全国中等职业教育教学改革创新指导委员会成立，推动校企合作深入发展。2010年3月18日，全国中等职业教育教学改革创新指导委员会成立。随后，由教育部组织，相继成立了43个行业职业教育教学指导委员会。全国中等职业教育教学改革创新指导委员会及其下设机构各行指委的成立，其意义在于促进职业教育教学领域决策的民主化、科学化、专业化，发挥政府部门、行业协会、企事业单位等的积极性，加强对中等职业教育人才培养和教学工作的研究、指导、服务和质量监控，推动职业教育教学改革创新。以此为平台，2010年教育部会同有关部委和行业部门，以"对接、合作、共赢"为主题，举办了中国职业教育与石油化工、装备制造、高新技术、汽车和有色金属等行业的对话活动，在深化职业院校和行业企业的沟通与合作，共同培养行业发展需要的技能型人才方面有着重要的作用。

2011年职业教育与行业企业合作深度推进。2011年，教育部会同有关方面以深化产教结合、校企合作为目标，推动政府主导、行业指导、企业参与的办学机制改革，行业企业参与职业教育的积极性得到明显提升。职业教育与国家重点发展行业的"产教对话"机制继续完善。年内举行了职业教育与商业服务业、服务贸易、有色金属、现代物流和汽车等产业的 11 次产教对话活动，活动参与面覆盖 1 500 多家企业、1 600 多所学校、80 多家教育和产业研究机构，促成企业和学校签订 300 份校企合作协议。以行业部门、行业组织、企业高级技术和管理人员为主体的"产教协作"机制继续健全。切实发挥全国职业教育教学改革创新指导委员会和 43 个行业职业教育教学指导委员会的作用，推进专业设置、课程标准、教材开发、实训基地和教师培训等领域的教育教学改革。政府、行业、企业、院校共同举办职业教育的"集团办学"机制逐渐形成。全国开展集团化办学的省份已达 30 个，设立行业性职教集团近 500 个，教育与产业、学校与企业紧密衔接，职业教育发展呈现多元主体参与、资源整合、合作推进的良好态势。

2010—2011 年，七种期刊被引频次排名前 100 的论文中，有许多关于校企合作的论文。2010 年 6 月傅伟发表论文《高职教育校企合作的内涵与特征》，2010 年 9 月刘景光发表论文《当前国内外高职院校校企合作模式构建研究述评》，2010 年 11 月王和才发表论文《关于校企合作办学模式与高职院校自身合作能力建设》，2011 年 1 月刘德强发表论文《加快推进我国高职校企合作立法的系统思考》，2011 年 2 月刘洪宇发表论文《我国高等职业教育校企合作体制机制建设的新思路》，2011 年 3 月刘合群发表论文《高职院校校企合作课程开发的互动模式研究》，姜群英发表论文《职业教育校企合作立法的具体问题探究》，李志强发表论文《"校企合作、工学结合"人才培养模式的内涵与特征》，王玉栋发表论文《高职院校校企合作模式探

讨》，罗仕俐发表论文《职业教育校企合作立法难题初探》，2011 年
4 月殷红发表论文《我国高职院校校企合作研究综述》，2011 年 6 月
谢文明发表论文《校企合作机制下理实一体化教学模式探析》，2011
年 8 月米靖发表论文《职业教育校企合作立法研究综述》，2011 年 9
月李梦卿发表论文《我国校企合作办学制度的回顾与思考》，余祖光
发表论文《职业教育校企合作中工业文化对接的新动向》，李选芒发
表论文《基于校企合作的校外实训基地建设实践与探索》，2011 年
10 月孙云志发表论文《关于高职院校校企合作现状的调查研究》，
2011 年 11 月郭晓霞发表论文《高职院校校企合作的最佳模式》。

　　2011 年中等和高等职业教育协调发展进入新阶段。教育部采取
一系列措施部署并推进中等和高等职业教育的协调发展。年初，教
育部党组进行部分司局职能调整，实现了中等和高等职业教育的归
口统筹管理。3 月 11 日，教育部在北京召开职业教育改革发展座谈
会，研究中等和高等职业教育统筹管理和协调发展问题，提出构建
现代职业教育体系。6 月 25 日，教育部在天津召开促进中等和高等
职业教育协调发展座谈会。8 月 30 日，教育部印发《关于推进中等
和高等职业教育协调发展的指导意见》，提出以科学发展观为指导，
探索系统培养技能型人才制度，增强职业教育服务经济社会发展、
促进学生全面发展的能力，推进中等和高等职业教育协调发展。明
确要合理确定中等和高等职业学校的人才培养规格，注重中等和高
等职业教育在培养目标、专业内涵、教学条件等方面的延续与衔接。
10 月 13 日，教育部在南京召开座谈会，正式启动现代职业教育体系
建设专项规划编制的前期准备工作。

　　在 2011—2012 年，每本期刊被引频次排名在前 100 的论文中有

许多与教师师资相关。2011 年 3 月朱雪梅发表论文《我国中职与高职衔接研究述评》，2011 年 5 月王宇波发表论文《北京市中高职衔接的现实进展与模式设计》，2011 年 6 月黄鑫发表论文《关于国内中高职衔接研究之述评》，2011 年 7 月张金英发表论文《中高职衔接的"接口"和"通道"探索》，2011 年 8 月刘育锋发表论文《中高职课程衔接：来自实践的诉求》，2011 年 9 月逯铮发表论文《终身教育背景下中高职课程衔接的比较研究》，马秋硕发表论文《中高职教育衔接中存在的主要问题及原因分析——基于广州地区的实证分析》，2011 年 11 月刘辉发表论文《中高职衔接的历史逻辑、现实困境及其超越》，鲁武霞发表论文《院校协同：高职专科与应用型本科衔接的主体支持》，2012 年 1 月王红梅发表论文《试析应用电子技术专业中、高职课程的衔接》，刘育锋、陈鸿发表论文《中高职课程衔接：我国职业教育政策的历史诉求——上世纪八十年代以来我国重大教育和职业教育政策文件制度分析》，张健发表论文《对中高职课程有机衔接的思考》，2012 年 4 月吕江毅发表论文《"3+2"中高职教育衔接模式研究》，2012 年 5 月荀莉发表论文《中高职课程衔接研究现状综述》，邵世光发表论文《基于国家职业标准的中高职课程衔接策略》，2012 年 6 月柳燕君发表论文《构建"能力递进、纵横拓展、模块化设置"的中高职课程衔接模式》，2012 年 8 月朱琳佳发表论文《中高职课程衔接初探》，汤霞发表论文《物流管理专业三二分段中高职衔接问题探讨》，2012 年 9 月敬代和发表论文《关于中高职课程体系的衔接——以数控技术专业为例》，2012 年 10 月邵元君发表论文《国家职业标准：中高职衔接中培养目标定位的重要依据——基于美英的经验》，曹毅发表论文《试论中高职衔接专业结构模型的构建》，

2012 年 12 月黄彬发表论文《中高职课程衔接存在的问题及其解决路径》。

为深入贯彻落实《教育信息化十年发展规划（2011—2020 年）》，扎实推进信息技术与教育的深度融合，探索微课在课堂教与学创新应用中的有效模式和方法，挖掘和推广各地区的典型案例和先进经验，推动教育信息技术创新应用和促进教育均衡发展，教育部教育管理信息中心定于 2014 年 9 月 1 日至 2017 年 8 月 31 日开展"基于微课的翻转课堂教学模式创新应用研究"的课题，课题将秉承共建共享、引领示范的原则。因此从 2014 年开始出现了很多关于微课研究的论文。

在七本期刊被引频次排名 100 的论文中，2014 年后也涌现出很多关于微课的论文。2014 年 2 月杨明发表论文《高职教育微课开发综合讨论》，2014 年 6 月黄一波发表论文《高职院校微课的设计和建设》，2014 年 9 月张灵芝发表论文《微课在高职教学改革中的应用研究》，2014 年 12 月全丽莉发表论文《微课程在高职院校教学中的应用探索》，王军发表论文《微课在中职"计算机应用基础"课程教学中的应用探讨》。

四、职业教育论文核心作者情况

统计发表职业教育类文章在 35 篇以上的核心作者，具体见表 2-14。

表 2-14　核心作者统计

序号	作者	机构	发表文章
1	石伟平	华东师范大学	128
2	张健	滁州职业技术学院	112
3	周建松	浙江金融职业学院	111
4	李玉静	吉林工程技术师范学院	102
5	徐国庆	华东师范大学	100
6	朱德全	西南大学	79
7	刘晓	浙江工业大学	77
8	肖凤翔	天津大学	69
9	曹晔	天津职业技术师范大学	63
10	曹晔	河北科技师范学院	59
11	臧志军	江苏理工学院	59
12	周志刚	天津大学	56
13	董仁忠	江苏省职业技术教育科学研究中心	55
14	李梦卿	湖北工业大学	54
15	夏金星	湖南农业大学	53
16	闫志利	河北科技师范学院	49

续表

序号	作者	机构	发表文章
17	熊惠平	浙江工商职业技术学院	48
18	徐涵	沈阳师范大学	45
19	查吉德	广州番禺职业技术学院	40
20	赵志群	北京师范大学	39
21	肖化移	湖南师范大学	39
22	程宇	吉林大学	36
23	周明星	天津工程师范学院	36
24	谢长法	西南大学	35
25	姜大源	教育部职业技术教育中心研究所	35

从表 2-14 核心作者所在的单位的分布来看，主要可分为三大类：

（1）开展职业教育实践和研究的普通高校，如华东师范大学、天津大学、北京师范大学等；

（2）教育科研院所，如教育部职业教育研究中心研究所、江苏省职业技术教育科学研究中心等；

（3）高职院校，如滁州职业技术学院、浙江金融职业学院等。

分析以上三类单位，可以发现广泛开展职业教育实践和相关研究的普通高校，由于有了实践经验和研究基础，成果如雨后春笋般不断涌现；对于教育科研院所，由于具备雄厚的研究基础，因此在职业教育研究领域占据重要地位；对于高职院校，由于国家在职业教育政策方面的大力支持以及各高职院校深入实践，越来越多体现高职院校实践的研究成果呈现在人们面前。

五、职业教育论文地域分布情况

职业教育论文地域分布如图 2-14 所示，主要分布在经济发达、教育先进的区域，浙江、江苏、天津、北京、上海占据前五名，说明这些地区是我国职业教育研究的核心地区。从中亦不难看出，研究热度与当地经济发展水平存在正相关。由于职业教育与社会经济相互促进，经济发展水平越高，职业教育也就越完善，所培养的人

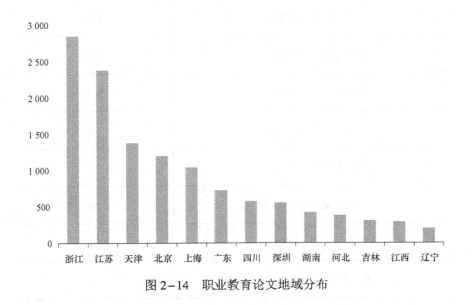

图 2-14 职业教育论文地域分布

才又促进了当地经济的发展，反之亦然。因此有关职业教育研究的文献多出于东部沿海地区和华北地区。

六、职业教育论文依托项目情况

分析论文依托项目情况，可以看出不同层面对职业教育研究的支持，支持论文数量排在前 10 的依托项目情况如表 2-15 所示。

表 2-15　依托项目情况

依托项目	文章数量
全国教育科学规划	2 152
江苏省教育厅人文社会科学研究基金	515
国家社会科学基金	428
浙江省教委科研基金	140
江苏省青蓝工程基金	103
湖南省社会科学基金	74
国家自然科学基金	59
湖南省教委科研基金	59
上海市重点学科建设基金	54
河南省软科学研究计划	52

从表 2-15 的统计结果可知：一方面，国家对职业教育非常重视，项目基金支持力度很大，得到全国教育科学规划和国家社会科学基金支持的论文篇数均位于前 3；另一方面，各地区也结合地方经济和教育的发展，大力资助职业教育研究，如江苏、浙江、湖南支持力度非常大，上海、河南也是紧随其后，体现出中、东部地区大力支持，西部地区相对还比较薄弱，需要奋勇赶上，各地区大量的资金支持对职业教育发展起到了积极作用。

七、职业教育论文研究主题情况

在统计职业教育研究领域文献基本特征信息的基础上，本章使用了词频统计法、词篇聚类分析法、多维尺度分析法等研究方法，在分析过程中使用了 Python、SPSS、Excel 等软件工具辅助分析，对 2005—2017 年高等职业教育研究文献关键词进行了系统的计量分析和知识图谱可视化研究。

研究中采用的词频统计法和词篇聚类分析法是比较常用的两种数据处理方式，在共词分析中，两种方法的结合使用可以定量、定性结合，取长补短，有助于增强计量结果的可信度与准确性。由于本项目的数据来源期刊较多、时间跨度较大，相应的文献数据量非常之大，故而通过 Python 编程统计关键词的频次、排序，结合领域专业知识，分析高频词所承载的内容，将主题进行相应的分类与组织，从而揭示领域研究的范围和热点。

词篇聚类分析法是通过高频关键词的确认，生成由全部论文和高频词构建的词篇矩阵，并通过聚类分析的方法，把众多所要分析的元素之间错综复杂的共词网状关系简化为数目相对较少的若干类群之间的关系，最终以聚类树状图的形式直观地呈现出主流研究领域的结构及其关系。

此外，在关键词的共词矩阵和聚类的基础上，借助多维尺度分析实现来用可视化的形式来表示产生的结果。多维尺度分析的原理是通过指定观测量在概念空间的一个特定位置，得到空间中距离的相似性。由于分析的对象以点状分布，根据点的位置分布可以了解分析对象在研究中的地位。有高度相似性的对象聚在一起，形成一个类别，越处在中间的对象越核心。因此，借由多维尺度分析，可以判断学术热点及学术领域在研究领域中的位置。

运用以上三种方法对 2005—2017 年来职业教育的研究文献的关键词进行统计分析，以掌握我国职业教育研究的热点和趋势，对职业教育的研究和发展意义重大。

（一）高频关键词的确认

关键词是文献研究内容、研究方法的概括和凝练。通过关键词词频统计可以将非数量表示的文献转换为数量资料进行分析。某个关键词出现得越频繁，表明该学科对其关注度越高，高频关键词常被用来确定某一领域的热点问题。

项目组对 2005—2017 年全部 66 006 篇文献进行关键词统计，得到关键词 300 327 个，篇均关键词为 4.55 个，符合国内外科技期刊要求的每篇应标出 3～8 个关键词的标引。

通过 Python 软件编程进行关键词统计，数据预处理还包括对于关键词进行统计分析，去除不能表达文献主题的词汇，删除与研究内容相关性不大的关键词，合并词义重复的关键词（如将"高等职业教育""高职教育""高等职业技术教育"合并为"高职教育"），构成同义词字典，使得统计数据更加合理和精确。

使用同义词典替换掉意义相同的关键词后，最后删除出现频率为 1 的关键词，共得到频次大于 1 的关键词共 22 085 个。结合高频词与频次的临界值计算公式确定高频词频次阈值，为了表述方便和统一，表 2-16 展示了排名前 50 的高频关键词及其出现频次，从表中不难看出，这 50 个高频关键词能够在一定程度上反映 2005—2017 年我国职业教育领域的研究主题分布。

表 2-16　2005—2017 年职业教育主题高频关键词表

序号	关键字段	出现频次	序号	关键字段	出现频次
1	高职教育	14 497	10	工学结合	1 518
2	高职院校	10 666	11	对策	1 447
3	职业教育	7 843	12	就业	1 230
4	中职教育	2 667	13	职业技术院校	1 228
5	校企合作	2 557	14	人才培养模式	1 103
6	中职院校	2 367	15	专业设置	1 035
7	高职学生	2 226	16	实践教学	1 014
8	人才培养	1 920	17	课程体系	963
9	教学改革	1 590	18	农村职业教育	953

续表

序号	关键字段	出现频次	序号	关键字段	出现频次
19	教学模式	866	35	人文教育	549
20	问题	815	36	教育改革	537
21	课程改革	797	37	创业教育	536
22	思想政治教育	783	38	素质教育	533
23	办学模式	773	39	现代职业教育体系	524
24	教学质量	763	40	高技能人才	522
25	创新教育	748	41	校园文化	520
26	示范性院校	748	42	实践	510
27	师资队伍建设	701	43	启示	509
28	职业能力	674	44	策略	497
29	改革	660	45	培养模式	464
30	工作过程	636	46	现状	458
31	德育	628	47	产学合作	457
32	双师型教师	590	48	集团化办学	453
33	现代学徒制	586	49	终身教育	452
34	顶岗实习	561	50	技能型人才	444

（二）聚类树图及研究热点分析

为了得到符合尺度分析需要的数据结构，我们建立了高频关键词的词篇矩阵，如表2-7所示。其中，第一行是全部66 006篇文献，第一列是 50 个高频关键词。词篇矩阵即关键词和文献构成的矩阵，表明所有高频关键词在相应来源文献中出现的情况，其中的数字（0 或者 1）代表该词在对应文章中是否出现。

表 2-17　词篇矩阵示意表

关键字段	00001	00002	00003	00004	00005	00006	00007	00008	⋯
高职教育	0	0	0	1	0	1	0	0	⋯
高职院校	0	0	0	0	0	0	1	0	⋯
职业教育	0	0	0	0	0	0	0	0	⋯
校企合作	0	0	0	0	0	0	0	1	⋯
中职教育	0	1	0	0	0	0	0	0	⋯
高职学生	0	0	0	0	0	0	0	0	⋯
中职院校	0	0	0	0	0	0	0	1	⋯
人才培养	1	1	1	0	0	0	0	0	⋯
⋮	⋮	⋮	⋮	⋮	⋮	⋮	⋮	⋮	⋮

使用 SPSS21 对词篇矩阵进行高频关键词的聚类分析，并得到50 个高频关键词的共现聚类分析树状图（如图2-15）和相似矩阵。

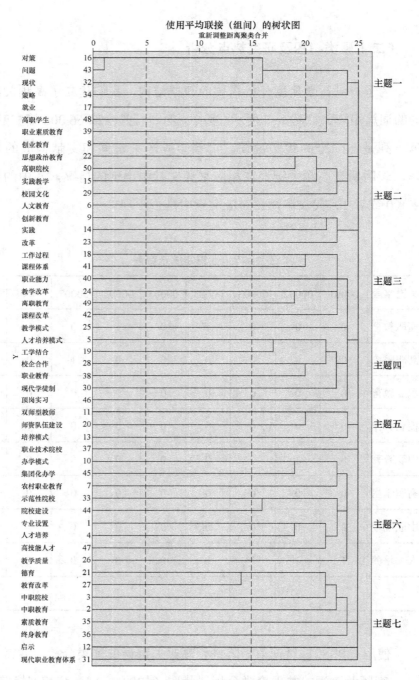

图2-15　职业教育论文高频关键词层次聚类分析树状图

在图 2-15 中，纵轴的数字代表与之相应的高频关键词，横轴的数字代表高频关键词之间的距离，数字越小表明距离越近。若两个关键词在较短的距离内聚集在一起，说明它们的相关度较高，即二者之间的关系较紧密。例如，"对策 16"和"问题 43"在最短的距离内聚集在一起，说明它们的相关度很高，关系非常紧密。

从图 2-15 中可以直观看出职业教育研究高频关键词可以分为七类研究热点主题。

主题一为目前职业教育存在的问题及对策研究，包括对策、问题、现状、策略等关键词。现状、问题和对策的相关研究涉及职业教育的各个方面，具体内容主要集中在提升职业教育质量、彰显职业教育特色方面的研究较多。《国家中长期教育改革和发展规划纲要（2010—2020 年）》指出，教育改革发展的核心人物是提高各级各类教育的质量。教育部职业教育与成人教育司前司长黄尧在《要把提高职业教育质量摆在更加突出的位置》一文中指出："提高职业教育质量，是当前和今后一个时期职业教育工作的重点、重要人物。"可见，职业教育质量问题已上升到一个前所未有的高度。另外，"对策""问题""现状""策略"等关键词的频繁出现，在一定程度上也反映出我国职业教育的特色不够鲜明，因此，彰显职业教育特色是当今乃至今后职业教育努力发展的方向。

主题二为职业教育思想、道德、素质教育研究，包括思想政治教育、人文教育、校园文化、职业素质教育、创业教育、创新教育等关键词。我国职业教育在思想政治教育改革的过程中获得了良好的发展，相关研究主要集中在如何改革教育内容以便增强思想政治教育的有效性、学校的校园文化建设、教师的教学素养、学生的心理特征等方面。同时职业能力与职业素质是密不可分的整体,高等职业教育不仅应该重视学生职业能力的养成,更应该重视学生职业素质的培养。随着高职学生权利意识的增强和价值观念的转变,思想政治教育是高职教育体系的重要组成部分,在发展过程中存在一些问题,严重影响了教育的顺利实施。因此,在新时代背景下,需要积极构建高职思想政治教育模式,从多方面创新教育方式和手段,满足学生身心发展,顺应时代潮流,促进高等教育的可持续发展。

主题三为职业教育教学和课程改革研究,包括:课程体系、教学改革、课程改革、教学模式、高职教育、工作过程、职业能力等关键词。教学改革是提高人才培养质量的源头和核心,历来是众多学者关注的重点,研究集中在课程开发和课程实施两方面。课程开发研究的内容主要包括课程计划、课程标准的制定等。职业教育课程的价值趋向在于提高学生的就业能力和培养合格公民、满足学生的个性需要和促进全面发展协调统一,同时培养学生的创新精神,这是近年来高职课程开发的基点。课程实施研究侧重于专业课程教学,特别是实践教学体系与模式的探讨。职业学校普遍采用的教学模式有项目化课程教学、行动导向教学、嵌入式课程教学、工学结合等,源于职业技术知识传授的特性。相关学者的研究对各种教学模式具体的运行环境和运行机制、操作的方式方法进行了深入研究。

主题四为职业教育人才培养模式研究,包括:工学结合、校企合作、现代学徒制、顶岗实习、职业教育、人才培养模式等关键词。人才培养模式是为培养目标服务的,不同的培养目标具有不同的人才培养模式。2005—2017 年关于职业教育人才培养模式的研究较多，从培养目标的角度探讨职业教育人才培养模式主要集中在工学结合、校企合作、产教融合等方面。职业教育具有跨界教育的属性，校企合作办学成为学者关注的重点，2005—2017 年来学术关注度一直居高不下，研究的主要问题为合作机制、合作模式等。从就业的角度探讨人才培养模式的研究主要集中在顶岗实习、现代学徒制、订单式培养等方面的研究。

主题五为职业教育师资队伍建设研究，包括：双师型教师、师资队伍建设、培养模式等关键词。职业教育的培养目标是为生产、建设、管理、服务第一线培养高等技术应用型人才，这就决定了职业教育教师不仅要具有扎实的专业知识和丰富的教学经验，而且必须具有较强的专业实践能力。加强"双师型"队伍建设是高等职业教育发展的必然选择。2005—2017 年来众多研究都集中在如何建立以"双师型"为主体的师资队伍。一些学者提出，应该从企事业单位聘请兼职教师，多元化师资队伍，实行专、兼职结合，增强教师的流动性，不断适应专业变化的需要。与此同时，也要淡化基础课和专业课教师的界限，逐渐实现教师的一专多能。一些学者探讨针对教师的培训方式和培养模式，如建立教师"培养、使用、进修"的新模式，从根本性改革以提高教师质量。

主题六为职业教育办学模式研究，包括：集团化办学、示范校建设、院校建设、办学模式、农村职业教育，教学质量、专业设置等关键词。职业教育办学模式，是指职业教育在一定办学思想的指导下，各种办学要素形成的关联方式。相关研究表明，改革我国计划性的职业教育办学模式，关键是要发挥市场在职业教育资源配置中的作用。2005—2017 年的研究主要集中在"办什么样的学"和"如何办学"的问题上，如集团化办学、示范校建设等主题的研究。营造公平的办学环境，关键是发挥政府在职业教育办学的主导作用，清理和修改不利于民办职业教育发展的政策、法规。中共中央在十八届三中全会中提出，使市场在资源配置中起决定性作用。从"基础性作用"到"决定性作用"，说明我国越来越重视市场在资源配置中的地位。发挥市场在职业教育资源配置中的决定性作用，要求政府尽快纠正一些不公平做法。例如，职业学校应至少获得与普通院校同等水平的财政性经费支持，甚至更多。

主题七为中等职业教育研究，包括：中职院校、中职教育、德育、教育改革、素质教育、终身教育等关键词。2005—2017 年，我国中等职业教育得到了很大的发展，中等职业教育已成为我国职业教育体系中重要的组成部分。与之相关的研究主要集中在中等职业教育"免补政策"研究、农村与欠发达地区中等职业教育研究、中职办学模式研究、中职师资队伍建设研究和人才培养等方面的研究。另外，新中国成立以来的第一次全国中等职业学校德育工作会议于 2009 年在天津召开，会议总结了改革开放以来特别是近年来中等职业学校德育工作的主要经验，进一步明确加强和改进中等职业学校德育工作的思路和主要任务，动员各有关方面共同做好中职学生思想道德教育工作，开创新时期新阶段中等职业学校德育工作的新局面。

（三）多维尺度及研究群组分析

进行多维尺度分析，旨在通过共词知识图谱，借助低维度空间中点与点之间的距离，来判断研究个体之间的相似度。结合聚类分

析的结果,可以将词篇矩阵转化为高频关键词的相似矩阵(如表2-18
所示)。鉴于相似矩阵中接近或者等于 0 的值过多,计算距离时容易
造成较大的误差,须将相似矩阵转换成相异矩阵:用 1 减去全部
相似矩阵上的数据,得到表示关键词之间相异程度的相异矩阵(如
表 2-19 所示)。在相异矩阵中,数据越大,说明关键词之间的距离
越远。相异矩阵的对角线上数据坟为 0,表明相应的高频关键词不存
在相异性,即完全相关。

表 2-18 职业教育论文高频关键词相似矩阵

关键词	专业设置	中职教育	中职院校	人才培养	人文教育	创业教育	⋯
专业设置	1.000	0.032	0.052	0.103	0.015	0.000	⋯
中职教育	0.032	1.000	0.049	0.020	0.007	0.003	⋯
中职院校	0.052	0.049	1.000	0.021	0.006	0.013	⋯
人才培养	0.103	0.020	0.021	1.000	0.015	0.012	⋯
人文教育	0.015	0.007	0.006	0.015	1.000	0.002	⋯
创业教育	0.000	0.003	0.013	0.012	0.002	1.000	⋯
创新教育	0.000	0.008	0.009	0.018	0.002	0.037	⋯
办学模式	0.075	0.021	0.026	0.047	0.000	0.004	⋯
⋮	⋮	⋮	⋮	⋮	⋮	⋮	

表 2-19 职业教育论文高频关键词相异矩阵

关键词	专业设置	中职教育	中职院校	人才培养	人文教育	创业教育	…
专业设置	0	0.968	0.948	0.897	0.985	1	…
中职教育	0.968	0	0.951	0.98	0.993	0.997	…
中职院校	0.948	0.951	0	0.979	0.994	0.987	…
人才培养	0.897	0.98	0.979	0	0.985	0.988	…
人文教育	0.985	0.993	0.994	0.985	0	0.998	…
创业教育	1	0.997	0.987	0.988	0.998	0	…
创新教育	1	0.992	0.991	0.982	0.998	0.963	…
办学模式	0.925	0.979	0.974	0.953	1	0.996	…
⋮	⋮	⋮	⋮	⋮	⋮	⋮	⋮

基于相异矩阵,利用 SPSS21 的多维尺度分析功能对相似矩阵进行多维尺度分析,生成 50 个高频关键词的共词知识图谱(如图 2-16 所示)。将图 2-16 与图 2-15 进行对比,不难发现两个图中关键词的紧密程度大体相似,图 2-15 中距离较近的关键词与图 2-16 保持一致。

图 2-16 中各高频关键词之间的距离反映其所代表主题的相关程度,距离越小说明关键词之间相似度越大,研究内容越集中;距离越大说明研究主题越独立,主题与主题之间的关联性越小。通过分析多维尺度图谱,可以看到关键词的分布具有群组分布的独立性,表现在这些数据点可以大致划分为三大研究群组,分别是:

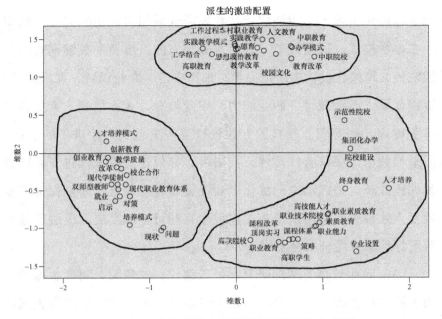

图 2-16　职业教育论文高频关键词共词知识图谱

（1）职业教育体系的研究：处于第二、三象限，对应主题类别为主题一、五、六，包含现代职业教育体系、校企合作、 人才培养模式、现代学徒制、创业教育、创新教育、双师型教师等关键词。《国家中长期教育改革和发展规划纲要》明确提出到 2020 年，形成适应经济发展方式转变和产业结构调整要求、体现终身教育理念、中等和高等职业教育协调发展的现代职业教育体系，满足人民群众接受职业教育的需求，满足社会经济对高素质劳动者和技能型人才的需要。因此，这一部分关键词也包含关于问题、现状的剖析以及得到的启示和对策的探讨，对于职业教育的体系研究具有先导性的指导意义。

（2）职业教育的理论研究：处于第一、四象限，对应主题类别为主题四和主题七，围绕职业教育发展开展相关理论研究，主要集中在办学模式、课程改革、人才培养等方面，涉及的关键词有示范性院校、院校建设、集团化办学、顶岗实习、专业设置、课程改革、课程体系、职业教育、职业能力、终身教育、人才培养、素质教育等关键词。高等职业教育的专业设置直接关系到人才培养的目标、质量和规格，采取有针对性、灵活性、有效性的措施推进专业建设和课程改革，持续动态的优化专业设置和课程设置，才能保证职业教育人才培养质量不断提高，实现教育的可持续发展，促进职业教育更好地服务经济社会发展。

（3）职业教育的基础研究：处于第一、二象限，对应主题类别为主题二和主题八。主要集中在中等职业教育工学结合办学模式以及职业教育思想道德教育等方面。涉及的关键词包括思想政治教育、人文教育、校园文化、德育、教育改革，同时还兼顾中职教育、中职院校、工学结合、工作过程、实践教学、办学模式、农村职业教育。随着社会经济的发展，由于自然人口数的变化、劳动力市场结构的变化、职业教育受教育者的待遇不公、职业教育大规模扩招等一系列因素的影响，职业教育所招收的生源质量也受到了一定程度的抑制。因此，要重视对职业的基础研究，可持续发展、特色发展是高等职业教育生存的必由之路。

八、职业教育论文年度热点主题情况

热点主题是指一组突现的动态概念和潜在的研究问题。这样的研究热点主题是指某一时段内以突现词为基础的一组文献所探讨的科学问题或专题。研究前沿必须在分析突现词的基础上，结合突现词所在文献的分析，进行综合判断和探测。

（一）年度热点主题

本节对 2005—2017 年各年度的关键词进行统计，去掉了"高职教育""高职院校""职业教育""中职教育""中职学校""对策""问题""路径""现状""改革"等出现频次很高但与研究热点关系不大的关键词，列出出现频次排名前 10 的关键词，如表 2-20 所示。

表 2-20 热点主题表

年份					
2005	就业	职业教育发展	企业	学堂	非学历教育
	创新教育	职业教育改革	办学	产学合作	校企合作
2006	就业	教学改革	学堂	创新教育	实践教学
	校企合作	人才培养	非学历教育	农村职业教育	课程体系
2007	人才培养	教学改革	工学结合	农村职业教育	校企合作
	办学模式	实践教学	专业设置	教学质量	高技能人才
2008	工学结合	人才培养	教学改革	校企合作	实践教学
	农村职业教育	人才培养模式	教学质量	办学模式	专业设置
2009	工学结合	人才培养	校企合作	教学改革	就业
	德育	示范性院校	实践教学	教学质量	教学模式

续表

年份					
2010	工学结合	校企合作	人才培养	教学改革	人才培养模式
	实践教学	就业	课程体系	工作过程	农村职业教育
2011	校企合作	人才培养	工学结合	教学改革	农村职业教育
	人才培养模式	课程体系	工作过程	教学模式	就业
2012	校企合作	教学改革	人才培养	工学结合	实践教学
	人才培养模式	就业	课程体系	思想政治教育	专业设置
2013	校企合作	人才培养	教学改革	工学结合	人才培养模式
	思想政治教育	课程体系	实践教学	教学模式	农村职业教育
2014	校企合作	人才培养	教学改革	专业设置	人才培养模式
	示范性院校	就业	课程体系	职业教育体系	工学结合
2015	校企合作	人才培养	教学改革	现代学徒制	职业教育体系
	人才培养模式	专业设置	思想政治教育	德育	实践教学
2016	校企合作	现代学徒制	人才培养	教学改革	专业设置
	职业教育体系	人才培养模式	德育	教育改革	职业指导
2017	校企合作	现代学徒制	人才培养	供给侧改革	人才培养模式
	教学改革	创新创业教育	互联网+	产教融合	专业设置

从表 2-20 中可以看出，2005—2017 年度排名前 10 的关键词共有 130 个，经统计去重后仅有 29 个关键词，这说明 2005—2017 年间热点主题比较集中，因此将这 13 年间反复出现的高频关键词的词频以年度为单位进行统计，如图 2-17 所示。

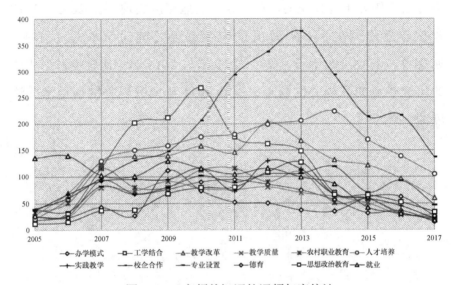

图 2-17　高频关键词的词频年度统计

可以看出，2005—2017 年，校企合作、人才培养、教学改革、专业设置在今后的十年中一直保持较高的学术关注度；而随着时间的推移，工学结合的学术关注度在 2010 年达到顶峰，后逐渐下降；其他如办学模式、教学质量、实践教学、德育、思想政治教育等高频关键词的学术关注度保持稳定略有浮动，并在 2014 年之后关注度逐年下降。

（二）年度突现主题

以突现词为知识基础的一组文献所探讨的科学或者专题，可以看作是一段时间内的研究前沿。因此，我们按年度统计对比了高频关键词（前 30 个），并将每年度与上一年度相较新增的高频关键词梳理出来作为年度突现词，通过统计这些年度突现词在 2005—2017 年按年度出现的频次，做出了年度突现关键词学术关注度图，如图 2-18～2-28 所示。其中 2011 年与 2010 年相比较没有形成新的研究热点的高频关键词，故省略 2011 年度突现关键词学术关注度图。

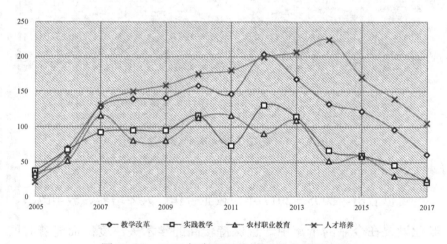

图 2-18　2006 年度突现关键词学术关注度图

如图 2-18 所示，2006 年的突现关键词教学改革、实践教学、人才培养、农村职业教育在后面的几年内成为研究热点，关注度逐渐递增。从 2014 年起关注度逐年降低。

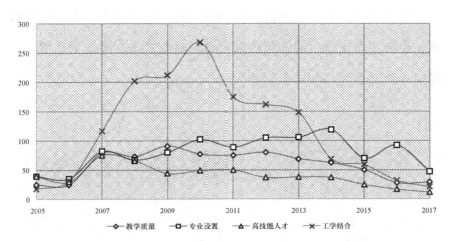

图 2-19　2007 年度突现关键词学术关注度图

相较 2006 年，2007 年的突现关键词为工学结合、高技能人才、教学质量、专业设置，其中工学结合的学术关注度在 2007 年之后陡增，2010 年达到顶峰。

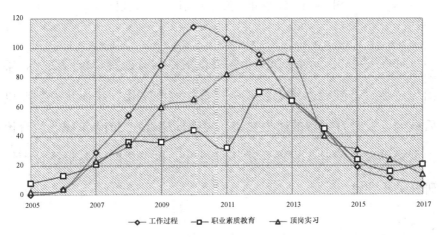

图 2-20　2008 年度突现关键词学术关注度图

　　如图 2-20 所示，2008 年的突现关键词工作过程、职业素质教育、顶岗实习在以后的几年内成为研究热点，关注度逐渐递增。从 2014 年起关注度逐年降低。

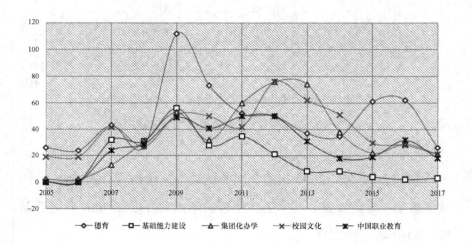

图 2-21　2009 年度突现关键词学术关注度图

　　如图 2-21 所示，2009 年的突现关键词有德育、校园文化、集团化办学、基础能力建设。其中德育、校园文化、集团化办学在以后成为职业教育领域的研究热点。关键词德育在 2014 年职业教育论文大幅缩减的情况下出现频次不降反升，也正说明了关于德育领域研究的重要性。

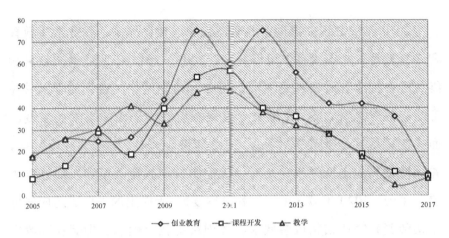

图 2-22 2010 年度突现关键词学术关注度图

如图 2-22 所示，2010 年的突现关键词有创业教育、课程开发、教学，其中创业教育成为职业教育领域的新增研究热点，尽管 2014 年以后出现频次降低了，但是与此关键词紧密相关的"创新创业教育"学术关注度迅速上升。

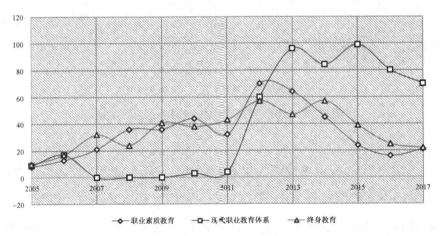

图 2-23 2012 年度突现关键词学术关注度图

　　2012 年的突现关键词主要有现代职业教育体系、职业素质教育和终身教育。从图 2-23 可以看出，2005—2017 年职业素质教育和终身教育持续有研究者关注，除 2012 年度这两个关键词的学术关注度略有提升之外，这 13 年来一直保持着较为平稳的学术关注度。而关键词现代职业教育体系从 2012 年突现开始，学术关注度陡增，并保持较高的出现频率，是对《国家中长期教育改革和发展规划纲要（2010—2020 年）》（以下简称《纲要》）所提出的"形成适应发展方式转变和经济结构调整要求、体现终身教育理念、中等和高等职业教育协调发展的现代职业教育体系"要求的回应。

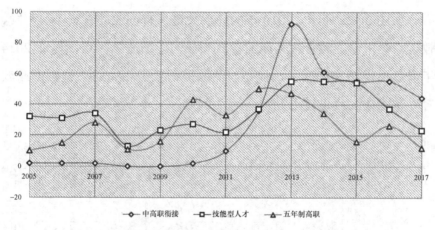

图 2-24　2013 年度突现关键词学术关注度图

　　2013 年的突现关键词为中高职衔接、五年制高职、技能型人才。其中，中高职衔接自 2011 年起学术关注度迅猛上升，成为近年来职业教育领域研究的前沿主题，这也是对《纲要》中关于中等和高等职业教育协调发展的要求的回应。

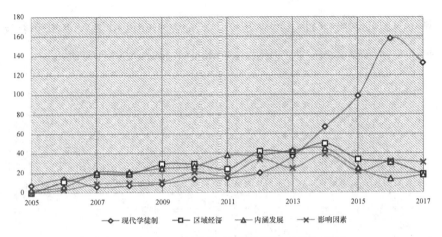

图 2-25　2014 年度突现关键词学术关注度图

2014 年的突现关键词有现代学徒制、区域经济、内涵发展、影响因素等。从图 2-25 中可以看出，现代学徒制的出现频次自 2014 年开始迅速提升，这和 2014 年 9 月《教育部关于开展现代学徒制试点工作的意见》的印发密不可分。该意见指出，建立现代学徒制是职业教育主动服务当前经济社会发展要求，推动职业教育体系和劳动就业体系互动发展，打通和拓宽技术技能人才培养和成长通道，推进现代职业教育体系建设的战略选择；是深化产教融合、校企合作，推进工学结合、知行合一的有效途径；是全面实施素质教育，把提高职业技能和培养职业精神高度融合，培养学生社会责任感、创新精神、实践能力的重要举措。

2015 年的突现关键词有产教融合、德国、职业指导、专业群。其中关于德国、专业群和职业指导的研究持续稳定，而产教融合是 2015 年的突现关键词，并且随着时间的推移关注度持续增长。2016 年国家"十三五"规划纲要明确推进职业教育产教融合和加快学习型社会建设，要求推行产教融合、校企合作的应用型人才和技术技能行人才培养模式，促进职业学校和企业技术人才双向交流。

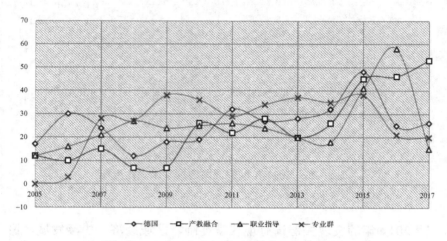

图 2-26　2015 年度突现关键词学术关注度图

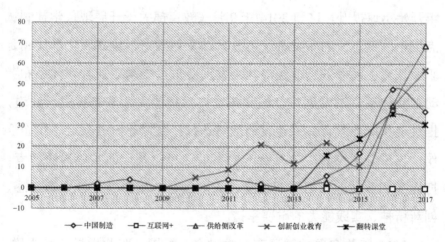

图 2-27　2016 年度突现关键词学术关注度图

　　2016 年和 2017 年的突现关键词紧跟职业教育研究热点和政策热点。2015 年 7 月，教育部印发《关于深化教学改革全面提高人才培养质量的若干意见》，该意见的指导思想是：以立德树人为根本，以服务发展为宗旨，以促进就业为导向，坚持走内涵式发展道路，适应经济发展新常态和技术技能人才成长成才需要，完善产教融合、协同育人机制，创新人才培养模式。该意见的基本原则是：坚持立德树人、全面发展；坚持系统培养、多样成才；坚持产教融合、校企合作；坚持工学结合、知行合一；坚持国际合作、开放创新。

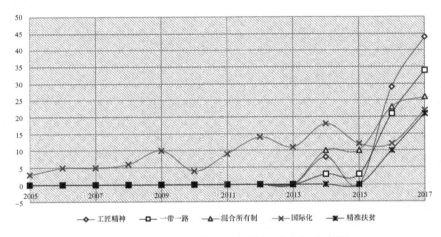

图 2-28　2017 年度突现关键词学术关注度图

2014 年 5 月，《国务院关于加快发展现代职业教育的决定》公布，首次提出企业要发挥"重要办学主体作用"，并将以政府购买服务或税收优惠等方式给予支持。该决定还提出探索发展股份制、混合所有制职业院校，允许以资本、知识、技术、管理等要素参与办学并享有相应权利。探索公办和社会力量举办的职业院校相互委托管理和购买服务的机制。混合所有制正式从那时开始出现在职业教育研究的论文中，其学术关注度也逐渐增加。

2017 年值得注意的是突现关键词还有工匠精神，继李克强总理在政府工作报告中首次提出"培育精益求精的工匠精神"之后，2016年出台的"十三五"规划也明确了"营造崇尚专业的社会氛围，大力弘扬新时期工匠精神"，从学术关注度上也能看出职业教育研究的热点与政策热点的符合度很高。

职业教育三个重要阶段的 第三章
主题变迁研究

在 2004 年 6 月国务院批准《教育部等七部门关于进一步加强职业教育工作的若干意见》之时，我国职业教育已经从低谷进入到持续发展时期。而自从 2005 年 11 月国务院在第六次全国职业教育工作会议上发布《关于大力发展职业教育的决定》以来，我国职业教育便赢得了难得的战略发展机遇，职业教育的战略转型深深牵动着职业教育理论研究的转向，职业教育实践的健康发展也不断催生着理论研究成果的涌现。

2010 年 7 月，我国发布了《国家中长期教育改革和发展规划纲要（2010—2020 年）》，提出为满足人民群众接受职业教育的需求和社会对高素质劳动者与技能型人才的需求，要在 2020 年形成适应经济发展方式转变和产业结构调整要求、体现终身教育理念、中等和高等职业教育协调发展的现代职业教育体系。国家对现代职业教育体系建设的大力支持推动了现代职业教育体系相关研究的演进。

2014 年 6 月，国务院印发了《关于加快发展现代职业教育的决定》，全面部署加快发展现代职业教育。国家职业教育战略的调整使职业教育步入了发展的快车道，职业教育理论研究成果不断涌现。

将国家对职业教育的重大政策按时间区间分为 2005—2009 年、2010—2013 年、2014—2017 年三个阶段，通过关键词分析职业教育研究热点演进的过程。为了找出三个阶段的研究热点，通过对各阶段的关键词进行统计，列出出现频次排名前 30 的关键词，如表 3-1 所示。需要说明的是，此处的统计去掉了"高职教育""高职院校""职业教育""中职教育""中职学校""对策""问题""路径""现状""改革"等出现频次很高但与研究热点关系不大的关键词。

表 3-1　各时期热点主题词

序号	2005—2009 年	2010—2013 年	2014—2017 年
1	工学结合	校企合作	校企合作
2	人才培养	高职学生	人才培养
3	教学改革	人才培养	现代学徒制
4	校企合作	工学结合	教学改革
5	就业	教学改革	人才培养模式
6	实践教学	人才培养模式	现代职业教育体系
7	农村职业教育	课程体系	专业设置

序号	2005—2009 年	2010—2013 年	2014—2017 年
8	教学质量	就业	思想政治教育
9	办学模式	实践教学	课程体系
10	专业设置	农村职业教育	中高职衔接
11	示范性院校	专业设置	教学模式
12	素质教育	教学模式	实践教学
13	人才培养模式	思想政治教育	德育
14	课程体系	工作过程	工学结合
15	课程改革	课程改革	师资队伍建设
16	教学模式	办学模式	教育改革
17	师资队伍建设	示范性院校	示范性院校
18	高技能人才	顶岗实习	产教融合
19	德育	职业能力	技能型人才
20	创新教育	教学质量	农村职业教育
21	工作过程	中高职衔接	供给侧改革
22	产学合作	创新教育	双师型教师
23	人文教育	教育改革	终身教育

序号	2005—2009 年	2010—2013 年	2014—2017 年
24	院校建设	创业教育	区域经济
25	职业能力	师资队伍建设	工匠精神
26	思想政治教育	双师型教师	一带一路
27	基地建设	集团化办学	混合所有制
28	双师型教师	校园文化	中国制造
29	职教师资	人文教育	精准扶贫
30	教学方法	德育	互联网+

一、2005—2009 年主题变迁研究

（一）阶段热点主题情况

根据高频关键词分析，这一阶段职业教育研究热点如下。

1. 工学结合、校企合作人才培养模式研究

2005 年 3 月，教育部在进入 21 世纪后首次强调要大力提倡"工学结合、半工半读"；此后，国家又相继出台了《国务院关于大力发展职业教育的决定》《教育部关于职业院校试行工学结合、半工半读

的意见》等一系列文件，明确提出在职业教育领域要大力推行工学结合、校企合作的人才培养模式。面对强大的实践需求和政策导向，这个时期有了很多相关研究成果，我国高等职业教育在"校企合作、工学结合"方面取得了初步的成绩，但从整体上讲还没有建立起相应的运行体系和长效机制：① 法律依据缺乏。国家虽然出台了《中华人民共和国职业教育法》，但地方政府并未在法律允许的范围内制订具体的实施条例，从法律层面上建立起有效的校企合作保障机制，对校企合作中学校、企业双方的权利和义务缺乏必要的监督和约束。② 宏观调控力度不够。《国务院关于大力发展职业教育的决定》颁布后，各级政府相继召开了职业教育工作会议，出台了促进职业教育发展的一系列文件，但对进一步推进"校企合作、工学结合"的实质性指导力度不够，各级政府职能部门对"校企合作、工学结合"的宏观调控作用（包括组织、领导、保障与统筹规划、监督）有待进一步发挥。这一时期，各级政府尚未建立专门的协调机构负责设计、监督、考核和推行"校企合作、工学结合"，造成很多项目难以获得企业主管单位、劳动部门、教育部门的充分协调，校企合作主要靠"关系和信誉"来建立和维系，缺乏合作办学的内在动力，难以形成长效的合作机制。尤其是在建设资金的投入上，政府的调控机制不健全。

2. 高技能人才培养

2007 年，国务院批转了教育部制定的《国家教育事业发展"十一五"规划纲要》，该纲要在总结了"十五"期间职业教育在改革中快速发展取得成绩的基础上，提出在"十一五"期间要以发展职业教育为重点，加快培养高技能型人才。这一时期学者们的共识是走校企合作办学之路是职业教育实现人才培养目标的有效途径，因此推进校企合作培养高技能人才，必须明确现有问题的实质，创新人才培养的合作模式，建立和完善有效的工作机制和保障机制，从而建立起长久、稳固、实质性的校企合作人才培养模式。本阶段的研究与政策的关联情况如下：① 充分发挥政府在校企合作中的主导作用。从国外校企合作的成功经验看，政府行政介入为校企合作建立制度和桥梁，促使企业主动参与职业教育，是解决校企合作共同培养高技能人才问题的关键。② 建立评价体系和激励机制。制定科学的校企合作评价标准，设置严格的评价程序，对校企合作进行全方位的评估。建立校企合作激励机制，充分运用政府投入和政府激励两种措施，保护和激励校企合作培养高技能人才的积极性。政府部门应不断完善校企合作的保障机制，从政策、法规和人力、物力、财力上给职业学校以强有力的扶持。

3. 职业教育课程的项目化改革

职业教育课程的项目化改革，源于当时我国职业学校提升学生职业能力的迫切需求。由于长期沿袭普通教育的教学模式，我国职业教育人才培养出现了深层次的问题。这一阶段一些学者开始从德国引进项目课程模式，处于逐步引入和探索阶段。以工作过程为导向的职业教育在设计上建构了传统学科体系的职业教育，一些学者建构了理论与实践相结合的一体化职业教育模式，为深化我国职业教育的教学与课程改革提供了可资借鉴的理论指导，它的一些核心思想已被我国职业教育界所接受，并对我国近年来职业教育的课程改革产生了深远影响，如任务引领型课程模式基本上是按照工作过程导向的职业教育核心思想建构的。但是应该看到，这一时期的研究没有突破以学科体系为主导的职业教育课程模式，仍然是在学科体系的框架下寻找与工作世界的联系，而这种联系只能是有限的、间接的，不可能从根本上解决职业教育内容远离工作世界的问题。究其原因是缺乏相应的理论支撑，没有在理论建构上解决理论与实践一体化的问题。

4. 德育教育研究

2005 年，《国务院关于大力发展职业教育的决定》就曾明确指出要将德育放在职业教育的首位，以全面推进素质教育。这一时期的研究主要集中在加强对学生职业人文素养的训练、实现人文教育的载体研究等。这一时期存在的主要不足主要表现为没有自觉地将这一问题的研究和解决置于马克思主义理论学科整体性视野之中，研究成果完整性、操作性、应用性相对欠缺。关于思想政治教育有效性问题的研究，需要以马克思主义关于普遍联系和发展的观点为指导，立足于大学生思想政治素质的整体性、高校思想政治教育体系的整体性要求，在马克思主义理论学科整体性视野中观照和提升，从而进一步推动思想政治教育理论建设学科化和大学生思想政治教育实践科学化的发展。

5. 职业教育师资队伍建设

涉及的关键词有双师型教师、职业院校教师。作为承担一种特殊类型教育的教师群体，职业教育教师的质量问题及其专业发展问题已经逐渐成为影响职业教育质量的核心变量之一。因此寻求培养

"双师型"教师的有效措施成为这一时期研究者们探讨的重要话题。"双师型"教师概念的提出，适应了以能力为主线的职教理念的发展，在实践中也表现出旺盛的生命力和广阔的发展前景。但也有研究者认为，"双师型"的提法本身不能体现职教教师的特色。有学者对职校教师提出了"三师型"要求，即不仅要当好教师，还要成为工程师、培训师。不论这种提法是否科学，都反映了职业教育实践对"双师型"教师变革的一种期待。因此，对"双师型"教师理论发展趋势的预测和把握有待于职业教育实践的发展和职业教育理论工作者的进一步研究。职业学校"双师型"教师培养已成为职业教育教师教育理论研究的热点问题，也是我国职业教育实践亟须重视和解决的问题。这一时期的研究在其内涵、制度、培养、标准等方面进行了若干开创性的探讨，但在理论深度和具体操作上还十分欠缺。

（二）文献作者机构分析

1. 文献分布情况

五个主题研究的文献分布情况如表 3-2 所示。

表 3-2　五个主题研究的文献分布情况

序号	研究主题	数量/篇
1	工学结合、校企合作人才培养模式研究	3 222
2	高技能人才培养	677

序号	研究主题	数量/篇
3	职业教育课程的项目化改革	258
4	素质教育研究	159
5	职业教育师资队伍建设	545
	合计	4 861

从表 3-1 的文献研究热点来看，可以分为三个数量集群，其中"工学结合、校企合作人才培养模式研究"排在第一数量集群，占比66%，主要原因在于随着经济结构转型与产业结构调整，职业教育与区域经济的协同发展更为紧迫，校企合作、工学结合对学术界研究的注意力引导起到了推动作用。

"高技能人才培养"是学界研究的重点，排在第二数量集群，占比近 14%，职业学校特别是高职学校在这方面的研究贡献较大。在热点主题研究中，创新教育、高技能人才受到持续关注。

2. 机构分布情况

五个主题研究的机构分布情况如表 3-3 所示。

表3-3 五个主题研究的机构分布情况

序号	研究主题	主要研究机构（按文献篇数排序）
1	工学结合、校企合作人才培养模式研究	柳州职业技术学院（12）、教育部职业技术教育中心研究所（10）、黄河水利职业技术学院（9）、上海市教育科学研究院高等职业技术教育发展研究中心（9）、天津滨海职业学院（9）、南通航运职业技术学院（8）、浙江金融职业学院（8）、浙江工商职业技术学院（8）、永州职业技术学院（8）、广西生态工程职业技术学院（8）、浙江工商职业技术学院（7）、上海市教育科学研究院职业技术与成人教育研究所（7）
2	高技能人才培养	天津工业大学（1）天津现代职业技术学院（1）、宜春职业技术学院（1）、浙江大学（1）、淮阴师范学院（1）、呼伦贝尔学院（1）、江苏技术师范学院（1）、金华职业技术学院（1）、合肥工业大学（1）、广东农工商职业技术学院（1）
3	职业教育课程的项目化改革	教育部职业技术教育中心研究所（7）、华东师范大学（4）、北京联合大学（3）、柳州职业技术学院（3）、邢台职业技术学院（3）、北京师范大学（3）、武汉职业技术学院（3）、华东师范大学（3）、淄博职业学院（3）、沈阳师范大学（3）
4	素质教育研究	湛江师范学院（2）、廊坊职业技术学院（2）、威海职业学院（2）、永州职业技术学院（3）宁波大红鹰学院（2）、徐州工业职业技术学院（2）、深圳职业技术学院（2）、宝鸡职业技术学院（2）、荆楚理工学院（2）、泰州职业技术学院（2）、四川建筑职业技术学院（2）、江苏省通州职业高级中学（2）、黑龙江畜牧兽医职业学院（2）

序号	研究主题	主要研究机构（按文献篇数排序）
5	职业教育师资队伍建设	天津工程师范学院（11）、北京联合大学（9）、永州职业技术学院（8）、湖南铁道职业技术学院（7）、深圳职业技术学院（7）、荆楚理工学院（6）、河北科技师范学院（5）、湖南农业大学（5）、华中科技大学（5）、金华职业技术学院（5）、天津大学（5）、同济大学（5）

3. 作者分布情况

从表 3-4 可知，绝大多数作者都是专注某一个主题的研究，在这个阶段丁金昌、曹晔等作者比较活跃。

表3-4　主要作者的分布情况

序号	研究主题	主要研究作者（按文献篇数排序）
1	工学结合、校企合作人才培养模式研究	程光旭（4）、张玲（3）、张立今（3）、张海峰（3）、袁俊奇（3）、杨生斌（3）、杨洪林（3）、徐建平（3）、王俊（3）、谭界忠（3）、申柯娅（3）、普林林（3）、马树超（3）、罗伟（3）、李焦明（3）、李海宗（3）、李桂霞（3）、方华（3）、范唯（3）、董兴（3）、丁金昌（3）、陈向平（3）、陈解放（3）、曹晔（3）
2	高技能人才培养	丁志强（3）、丁金昌（2）、王念哲（2）、熊惠平（2）、程忠国（2）、蒋旋新（2）、李玉春（2）、黄志纯（2）、陶亦亦（2）、胡家秀（2）、管平（2）、赵会军（2）、王和平（2）、孔凡菊（2）

序号	研究主题	主要研究作者（按文献篇数排序）
3	职业教育课程的项目化改革	吴全全（4）、姜大源（4）、徐涵（3）、田明山（2）、赵志群（2）、刘邦祥（2）、赵志群（2）、陈东（2）、林惠华（2）、徐涵（2）
4	素质教育研究	杨泉良（2）、刘卫民（1）、雷久相（2）、樊瑞君（2）、刘富文（2）、严权（1）、朱发仁（1）
5	职业教育师资队伍建设	徐英俊（7）、曹晔（3）、陈娟（3）、何农（3）、贺文瑾（3）、廖钦初（3）、孟庆国（3）、周明星（3）、曹莉（2）、车信超（2）、陈明昆（2）、贺修炎（2）、米靖（2）、齐爱平（2）、王川（2）、杨利军（2）、叶敏（2）、叶小明（2）、张宝歌（2）、周正（2）

4. 依托项目分布情况

从表 3-5 可知，职业教育研究课题的主要资金支持来自国家级项目，教育部项目资金支持在上升，市级项目资金支持仍然偏少。

表 3-5　主要依托项目分布情况

序号	研究主题	主要依托项目（按文献数量排序）
1	工学结合、校企合作人才培养模式研究	国家级（66）、省部级（21）、市级（23）、其他（2）
2	高技能人才培养	国家级（7）、省部级（7）
3	职业教育课程的项目化改革	国家级（5）、市级（3）

序号	研究主题	主要依托项目（按文献数量排序）
4	素质教育研究	国家级（2）、省部级（2）
5	职业教育师资队伍建设	国家级（5）、省部级（3）

二、2010—2013 年主题变迁研究

（一）阶段热点主题情况

与上一阶段相比，2010—2013 年出现频次显著增加的关键词有：校企合作、农村职业教育、专业设置、教学模式、思想政治教育、工作过程、顶岗实习、教育规划、职业素养等，受政策激励影响研究热点有所迁移。

1. 校企合作研究

《国家中长期教育改革和发展规划纲要（2010—2020 年）》明确指出以职业学校为基础、企业为主题，在政府与社会的推动下形成高技能人才培养体系。这一阶段的研究更多的是对校企合作的内涵、范围、层次、目标、动因、特征等内容的界定以及对工学结合、订单培养的个案探讨。校企合作研究成果主要集中在校企合作的重要性、校企合作中的学校内部体制改革、校企合作的内涵、校企合作的模式、校企合作的运行机制等几个方面。这一阶段，校企合作研

究的主要不足是：① 缺乏对校企合作评价的研究。高校、企业、政府、学生都能通过校企合作评价指标体系比较客观地评价校企合作，分析校企合作的内在因素，促进校企合作。有了校企合作评价指标体系，就可以从理论高度分析各种校企合作措施的共性，发掘这些措施背后的深层含义。另外，便于对校企合作开展横向或纵向比较，从而更深入地研究校企合作，更好地引导高校与企业开展合作，为政府推动校企合作提供政策依据。② 对校企合作立法都有呼吁，但对如何开展校企合作立法缺少研究。基于国内外校企合作的比较研究和国内校企合作的实践，人们已经认识到国家关于校企合作的立法对于促进校企合作有重大意义。因此，众多的文献作者中都在呼吁政府尽快针对校企合作立法，但是，校企合作的法律法规体系应该如何建立，各项法律法规应该包含什么样的内容，学术界对这些问题还缺乏系统的思考和专门的研究。③ 对校企合作的具体实施办法研究不够。到目前为止，文献中提出了大量校企合作具体实施办法。但是，如何保障这些办法的顺利实施，如何确保这些办法能真正产生效果，从当前已有文献中较少看到这些方面的研究。

2. 职业教育公平研究

教育公平是社会公平价值在教育领域的延伸和体现，《国家中长期教育改革和发展规划纲要（2010—2020 年）》高度重视教育公平问题，要求保障人民群众享有良好接受教育的机会。这一时期的研究主要集中于在职业教育内涵式发展的进程中，如何能够强化农村和欠发达地区的职业教育，缩小城乡以及区域间职业教育发展的差距等方面。本阶段理论研究与相关政策关联存在如下情形：① 研究热点与政策热点吻合度低。研究热点主要集中关注目前新型职业农民职业教育存在的问题，新型职业农民职教体系的构建、培养机制、路径、管理和运行机制及教育教学改革。研究热点未涉及构建涉农职教集团、东西部合作办学、对口支援的政策焦点，没有针对性地探讨培养农村发展带头人、农村技能服务型人才、农村生产经营型人才的方式和路径。对创建国家级农村职业教育和成人教育示范县实施过程中的经验与思考及个案深入研究很少。未能从研究层面发挥政策推广的辐射带动作用。② 政策领域存在空白。农民职教体系构建、管理与运行机制、职业教育标准、考核评价机制及法律等制度保障机制政策不完善。此外，政策对于相关研究的支持不足，该领域研究获得的基金项目很少，且集中于普通高校学者，研究主体与责任主体脱节，因此获得有实质性突破的研究成果难度较大。

3. 现代职业教育体系的构建

2010 年出台的《国家中长期教育改革和发展规划纲要（2010—2020 年）》明确提出要大力发展职业教育，满足人民群众对职业教育的需求，形成较为完善的职业教育体系。在传统教育学领域，人们通常习惯用学制体系来表达职业教育体系。而该纲要对现代职业教育体系的表述，则明确采用了外部适应性、内部适应性和系统协调性等一组指标，提出"到 2020 年，形成适应经济发展方式转变和产业结构调整要求、体现终身教育理念、中等和高等职业教育协调发展的现代职业教育体系"。这一阶段，相关研究集中在：一是适应经济发展方式转变和产业结构调整要求，即外部适应性是构建现代职业教育体系的逻辑起点，新时期经济社会发展要求这个体系必须是开放的，需要统筹，需要合作，需要通过教学标准与用人标准的融合，实现专业建设与产业发展对接；二是体现终身教育理念，即内部适应性是根本目的，要求现代职业教育体系应该以育人为本，强调人的终身发展，既要重视培养学生的学习能力，也要强调面向人人，坚持全日制教育与各类职业培训并举并重；三是中等和高等职业教育协调发展，即内在系统的协调性是重要的实现手段，要求系统培养技能型人才，突破培养层次的局限。尽管这一时期与现代职业教育体系相关的关键词比较分散，并没有出现在高频词表中，但是可以看到，这一时期关于现代职业教育体系构建的研究已经初具规模。

4. 集团化办学研究

职教集团是整合职业教育资源、引进优质资源、创新教育品牌、实现校企合作、产学结合的必然路径。2009 年，教育部职成司发布了《教育部关于加快推进职业教育集团化办学的若干意见》（教职成〔2009〕号），突出强调要"加快推进职业教育集团化办学，积极探索有效的办学模式和实现方式"，教育部职业教育与成人教育司 2012 年工作要点把"充分发挥行业、企业、区域优势，深入推进集团化办学"作为重点工作之一。不少研究者开始介入这一领域的研究。① 职业教育集团化办学已经初步取得成效，需要进一步规范引导。然而，职业教育集团化办学的基础还比较薄弱，治理体系和运行机制还不够健全，支持与保障政策还不够完善，集团化办学的重要作用还没有得到充分发挥。各地教育行政部门和职业院校还需要对教育集团化办学进一步的规范，引导一批办学效果突出，具有良好辐射和引领作用的示范性职业教育集团，发挥集团化办学重要主体作用，吸引行业、企业等社会力量的支持和参与。② 进一步拓展职业教育集团化办学的功能，如进一步发挥职业教育跨界跨部门的利益协调功能；进一步发挥职业教育资源的整合功能；进一步发挥人才系统化培养的服务功能；进一步发挥服务产业转型升级、区域协调发展的助推功能等。

（二）文献作者机构分析

1. 文献分布情况

四个主题研究的文献分布情况如表 3-6 所示。

从表 3-6 分布的文献研究热点来看，可以分为三个数量集群，其中"现代职业教育体系的构建"和"校企合作研究"排在第一数量集群，占比 63.9%，主要原因在于随着经济结构转型与产业结构调整，职业教育与区域经济的协同发展更为紧迫，教师作为教育改革的推动者、执行者，高质量职业教育师资培养成为职业教育改革和发展的重要内容，同时教育部相关政策密集发布的引领导向，对学术界研究的注意力引导起到了推动作用。

职业教育师资队伍建设从 2012 年以来一直是学界研究的重点，排在第二数量集群，占比为 19.1%，职业学校特别是高职学校在这方面的研究贡献较大。在热点主题研究中，现代学徒制、产教融合、职业教育质量体系受到持续关注。供给侧改革与职业教育是 2013 年特别是下半年职业教育研究的新热点，主要原因在于随着经济结构转型催生的供给侧结构性改革热潮，职业教育供给侧改革具有迫切性、必要性，吸引了理论界研究的注意力。

表3-6　四个主题研究的文献分布情况

序号	研究主题	数量/篇
1	校企合作研究	616
2	职业教育师资队伍建设	456
3	现代职业教育体系的构建	911
4	集团化办学	408
	合计	2 391

2. 机构分布情况

四个主题研究的机构分布情况如表3-7所示。

表3-7　四个主题研究的机构分布情况

序号	研究主题	主要研究机构（按文献篇数排序）
1	校企合作研究	陕西工业职业技术学院（12）、南京工业职业技术学院（7）、黄河水利职业技术学院（7）、常州机电职业技术学院（8）、江苏经贸职业技术学院（6）、湖北职业技术学院（5）、广西机电职业技术学院（3）、湖南铁道职业技术学院（5）、江苏经贸职业技术学院（6）、深圳职业技术学院（5）、南通职业大学（2）

续表

序号	研究主题	主要研究机构（按文献篇数排序）
2	职业教育师资队伍建设	西南大学（13）、浙江师范大学（8）、岳阳职业技术学院（7）、西北农林科技大学（6）、教育部职业技术教育中心研究所（5）、扬州市职业大学（8）、天津职业技术师范大学（4）、四川大学（4）、南通大学（3）、南京农业大学（3）、教育部职业教育与成人教育司（3）
3	现代职业教育体系的构建	天津大学（24）、华东师范大学（22）、教育部职业教育与成人教育司（18）、天津职业技术师范大学（10）、教育部职业技术教育中心研究（10）、北京师范大学（9）、沈阳师范大学（8）、浙江工业大学（7）、上海市教育科学研究院职业技术教育研究所（5）、深圳职业技术学院（4）
4	集团化办学	浙江机电职业技术学院（9）、江苏技术师范学院（7）、常州工程职业技术学院（6）、常州信息职业技术学院（5）、苏州工业职业技术学院（5）、河北科技师范学院（4）、浙江经贸职业技术学院（5）、浙江工贸职业技术学院（4）、徐州工业职业技术学院（3）、湖南城建职业技术学院（3）

3. 作者分布情况

从表3-8可知，绝大多数作者都是专注某一个主题的研究，曹晔的研究涉及多个主题。

表3-8　主要作者的分布情况

序号	研究主题	主要研究作者（按文献篇数排序）
1	校企合作研究	白坤海（2）、蔡薇（2）、曹根基（2）、陈运贤（2）、程培堽（2）、费小平（2）、顾金峰（2）、郭福春（2）、郭洪强（2）、郭晓霞（2）、黄乐辉（2）、马晓波（2）、苗晋峰（2）、裴智民（2）、张骞（1）、郑小飞（1）、周德富（1）、周萍（1）、张建中（1）、向怀坤（2）
2	职业教育师资队伍建设	顾微微（6）、曹晔（5）、李尽晖（3）、李玉静（2）、魏明（2）、刘巧利（2）、刘淑华（2）、刘洪银（2）、林尧俊（2）、李玉静（2）、姜作培（2）、黄晓赟（2）、韩清林（2）、郭金林（2）、辜胜阻（3）、高芳（2）、杜彬恒（2）、丁彦（2）、陈遇春（2）、陈水平（2）、陈胜祥（2）、曹冀苏（3）、查吉德（2）
3	现代职业教育体系的构建	曹晔（4）、柴福洪（2）、陈衍（4）、陈章（3）、董衍美（4）、段晓明（1）、范唯（2）、姜大源（3）、蒋旋新（7）、金盛（4）、李家洲（2）、李玉静（2）、刘教民（2）、刘育锋（2）、马建富（3）、马树超（3）、孟庆国（2）、孟源北（2）、欧阳丽（2）、沈苏海（2）、王键（2）、王炎斌（2）、王月穆（2）、肖凤翔（4）、徐国庆（3）、许玲（2）、闫智勇（4）
4	集团化办学	曹焕亚（3）、曾世宏（2）、曾锡琴（2）、关云飞（2）、侯长林（2）、胡清（2）、孟繁华（2）、倪涵（2）、孙芳芳（2）、汤生玲（2）、肖坤（5）、许正中（3）、杨方（2）、易飚（2）、柴彦红（1）、陈春琳（1）、陈锁庆（1）、邢淑清（1）、徐爱玲（1）、徐江波（1）、徐莹（1）、徐玉成（2）、徐元（1）、朱焰（1）、祝爱芳（1）、庄西真（1）、张文锋（1）

4. 依托项目分布情况

从表 3-9 可知，职业教育研究课题的主要资金支持来自省部级项目，教育部及国家级项目资金支持在上升，市级项目资金支持仍然偏少。

表 3-9　主要依托项目分布情况

序号	研究主题	主要依托项目（按文献篇数排序）
1	校企合作研究	省部级（17）、国家级（14）、市级（1）
2	职业教育师资队伍建设	国家级（48）、省部级（8）、市级（3）
3	现代职业教育体系的构建	省部级（18）、国家级（80）、市级（1）、其他（1）
4	集团化办学	省部级（22）、国家级学/协会研究项目（11）、其他（1）

三、2014—2017 年主题变迁研究

（一）阶段热点主题情况

与上一阶段相比，2014—2017 年出现频次显著增加的关键词有：现代职业教育体系、职业指导、区域经济、现代学徒制、工匠精神、创新创业教育、产教融合、中高职衔接、供给侧改革、终身教育等，研究热点有所迁移；同时，区域经济、工匠精神、一带一

路、混合所有制、中国制造、精准扶贫、互联网+等，也是不容忽视的年度突现研究热点。这一时期的研究热点如下。

1. 现代职业教育体系建设研究

2014 年，教育部等六部门印发了《现代职业教育与体系建设规划（2014—2020 年）》，要在 2015 年初步形成现代职业教育体系框架，到 2020 年基本建成具有中国特色、达到世界水准的现代职业教育体系。现代职业教育体系研究群体的出现与国家和中央各部门颁布的文件不无关系，这从侧面反映了政策驱动是现代职业教育体系研究的主要动力。本阶段的研究与政策的关联情况如下：① 与政策热点吻合的热点研究深度不够。2014 年《国务院关于加快发展现代职业教育的决定》指出："建立健全课程衔接体系，推进中等和高等职业教育的衔接。"课程衔接是中高职衔接中最实质性的内容，对课程体系的研究较多，但多数停留在理论层面、国外先进经验或问题的研究，实证方面的研究较少。② 有政策支持，研究不足。2014 年《现代职业教育体系建设规划（2014—2020）》指出："到 2020 年，形成适应发展需求、产教深度融合、中高职衔接、职业教育与普通教育相互沟通，体现终身教育理念，具有中国特色、世界水平的现代职业教育体系。"中高职衔接是建设现代职业教育体系的要求，目前关于中高职衔接研究已有一定的数量和深度，但在专业、教学和评价方面的衔接研究明显不足，尤其在实证方面的研究不足。③ 研究的薄弱点或盲点。2014 年《国务院关于加快发展现代职业教育的决定》提出："引导一批普通本科高等学校向应用技术类型高等学校转型，重点举办职业本科教育。"建设我国现代职业教育体系、贯通职业教育，不但要建立中等职业教育和高等职业教育的衔接，还要建立中高本和中高本硕的衔接。本阶段对于中高本衔接研究比较薄弱，只有 1 篇文献，仅进行了理论方面的探讨，对于中高本硕衔接政策和研究仍处于空白阶段。

2. 产教融合研究

国家"十三五"规划纲要明确推进职业教育产教融合和加快学习型社会建设。2016 年 3 月，第十二届全国人民代表大会第四次会议审查和批准了《中华人民共和国国民经济和社会发展第十三个五年规划纲要》。规划纲要对职业教育在"十三五"期间的改革发展提出了要求，明确提出"推进职业教育产教融合"。着重指出完善现代职业教育体系，加强职业教育基础能力建设。推动具备条件的普通本科高校向应用型转变。推行产教融合、校企合作的应用型人才和技术技能人才培养模式，促进职业学校教师和企业技术人才双向交流。推动专业设置、课程内容、教学方式与生产实践对接。相关文献对产教融合研究内容广泛，几乎涵盖了政策中提到的所有问题，研究也较为深入。如对现代学徒制的研究、校企合作中的人才培养模式和教学实施、学生实习、法律问题以及推进职业教育集团化办学方面，研究内容上均有所提及，只是关于产学研用联盟建设研究内容还停留在产学研的研究上，几乎没有提及依托重大工程项目、工程技术研究中心等来推进校企深度合作的研究。

3. 现代学徒制研究

2014 年 9 月，教育部发布关于开展现代学徒制试点工作的意见，反映出我国对于培养技术技能型人才这项工作的重视，关于现代学徒制理论与时间的研究成为我国职业技术教育理论研究的新亮点。建立现代学徒制是职业教育主动服务当前经济社会发展要求；是推动职业教育体系和劳动就业体系互动发展，打通和拓宽技术技能人才培养和成长通道，推进现代职业教育体系建设的战略选择；是深化产教融合、校企合作，推进工学结合、知行合一的有效途径；是全面实施素质教育，把提高职业技能和培养职业精神高度融合，培养学生社会责任感、创新精神、实践能力的重要举措。对于学徒制的研究，主要集中于英、美、德现代学徒制的研究，没有涉及我国现代学徒制的历史研究和实证研究，缺乏国内的实践和实证研究。

4. 职业教育人才培养质量研究

2015 年 7 月，《教育部关于深化职业教育教学改革全面提高人才培养质量的若干意见》明确提出，要适应经济社会发展对技术技能人才层次、规格、知识和能力的新要求，把提高人才培养质量作为发展现代职业教育的核心任务。这对加快构建现代职业教育体系，为全面建设小康社会、实现中华民族伟大复兴的"中国梦"提供重要的技术技能人才支撑，具有重要意义。但在大的研究方向基本与政策吻合的前提下，存在以下问题：① 虽然我国关于高等职业教育人才培养模式的研究众多，但研究内容并不深入，并没有充分认识到职业教育人才培养模式的特色。只有真正了解了职业教育人才培养模式的特殊性，才能够真正为我国高等职业人才培养提供新的思路。② 研究者发现了存在的诸多问题，如企业积极性不高，迫切需要国家出台相应的政策予以扶持。但是，关于政策保障方面的研究较少，为了我国高等职业教育人才培养模式的顺利进行，需要加强政策保障方面的研究。

5. 职业教育与区域经济

本阶段的研究与政策的关联情况如下：① 与政策热点吻合的研究热点其研究深度有所加强。例如：产业布局与专业布局的研究，本阶段的研究已突破理论研究层面进入实证研究，用区域个案实证研究来分析专业结构与产业结构的适配性和吻合度；"京津冀一体化""一带一路"等热点经济带的职业教育研究已经突破理论层面的必要性和原则讨论，进入对"办学路径""合作办学存在的问题及优化路径"等较深入的实证研究，但还未形成有指导意义的成果。② 研究盲点及国家和教育部门需要出台的政策。区域经济、行业、职业学校在职业教育人才培养和专业建设中的"互动主体目标""互动机制"缺乏理论层面研究和实证研究，也缺乏相应的政策支持。理论上区域经济、行业、职业学校在职业教育人才培养及专业建设的过程中是同等重要的互动主体。目前，我国职业学校的专业建设是通过高职学校间接地与区域经济和行业发生互动。针对职业教育专业建设与区域经济互动中存在互动主体目标不一致、互动缺乏前瞻性、互动机制不稳定等问题亟须出台相关政策。

6. 职业教育国际化研究

目前与"一带一路"倡议相关的研究处于初期阶段，仅限于理论和宏观的探讨，研究问题基本上是面临的问题、挑战、机遇和愿景分析，涉及的区域经济带仅限于对东南亚、东盟、跨境劳务合作的探讨。非洲、欧洲经济带的职业教育国际化研究还是空白点。随着"一带一路"倡议的实施，国家出台了许多相关政策，包括国家层面的政策法规、双边文件、地方政策、计划规划等，在这些陆续出台的"一带一路"政策驱动下，内陆节点城市、核心经济带以及国家重大战略热点经济带的职业教育研究会持续发热，研究范围和领域需进一步扩大，如开展产教融合、校企合作、政策和制度保障、人员培训、技术培训、课程开发、学校建设、科学研究等具体领域的研究。随着"一带一路"倡议的推进，职业教育国际化发展将迈出大的步伐，需进一步分析职业教育面临的新形势、新问题、新挑战，进一步探讨各国职业教育的新做法、新经验、新成果，加强海外办学模式、发展策略研究等。

7. 职业教育师资队伍建设

这一阶段关于职业教师专业化成长的相关政策主要包括：《现代职业教育体系建设规划（2014—2020 年)》（教发〔2014〕6 号，提出完善"双师型"教师培养培训体系)、《教育部关于深化职业教育教学改革全面提高人才培养质量的若干意见》（教职成〔2015〕6 号，提出积极探索高层次"双师型"教师培养模式)、《教育部　财政部关于实施职业院校教师素质提高计划（2017—2020 年）的意见》（教师〔2016〕10 号，提出职业院校教师素质提高的三个内容：职业院校教师示范培训、中高职教师素质协同提升、校企人员双向交流合作）等。通过相关文献的分析，现阶段的研究与政策的关联主要表现在：① 紧贴热点，在双师型教师培养、职教师资队伍建设等方面的研究成果卓有成效；相关政策在职业教师的"双师型"教师培养、职教师资队伍建设、校企合作双向交流等方面提出了明确的指示，为我国职教师资培养提供了一些建设性的思路和想法。② 缺乏实证研究，在职业教师的专业素质提升和能力培养等方面的标志性成果十分稀少；相关文献围绕着职业教师的专业化成长进行了卓有成效的研究，但是，缺少数据统计和相关的实证研究，尤其是对于职业教师专业化成长的模型构建、实现路径等方面没有深入的研究。同时，由于实证研究的短板，造成现有的研究缺乏深度，标志性的成果还十分欠缺。③ 存在部分研究"盲点"，在"工匠之师""教练型"教师等方面的研究尚处空白。教育部职成司分别在 2015 年提出了职业教育中的"教练型"教师，2016 年提出了职业教育师资培养中要注重"工匠之师"等主题内容，这些对于职业教师专业化成长的研究都是十分有益而且必要的，但是目前的文献在这些方面都鲜有涉及，造成了这些领域的研究空白。

8. 职业教育制造业人才培养

2015 年 5 月，我国发布了《中国制造 2025》，并提出了制造业强国崛起的"三步走"战略。作为经济可持续发展的"万能钥匙"，制造业强国的崛起离不开现代职业教育发展。通过分析《中国制造 2025》实施的现实背景、主要内容和基本特点，研究者们提出了加强职业教育顶层设计，实施现代学徒制，推进具有行业背景的普通高校向应用科技大学转型，加强校企合作和促进职业教育与信息化深度融合等职业教育发展战略。通过相关论文的分析，现阶段的研究与政策的关联主要表现在：① 在相关论文中对政策中提到的制造业人才关键能力和素质以及紧缺人才培养方面仅部分提及，且研究不够深入。如工匠精神的培育缺乏具体深入的案例研究和比较研究，对创新能力、信息技术应用能力、技术技能人才培养研究较少，且停留在"喊口号"式的宏观研究上。② 政策中体现但属于研究领域中的盲点，如提升绿色制造技术技能水平，复合型专业人才培养、基础制造技术领域人才培养、工程博士试点等相关研究几乎为空白。

9. 职业教育思想政治建设

十八大以来，习近平总书记对中国高等教育的发展和高校思想政治教育工作高度重视，并发表了一系列重要论述。在 2016 年 12 月 7 日至 8 日召开的全国高校思想政治工作会议上，习近平总书记在讲话中强调，"高校思想政治工作关系高校培养什么样的人、如何培养人以及为谁培养人这个根本问题。要坚持把立德树人作为中心环节，把思想政治工作贯穿教育教学全过程，实现全程育人、全方位育人，努力开创我国高等教育事业发展新局面。"思想政治教育是培养建设社会主义高素质技能型人才的有力保障。根据近几年教育部等机构颁发的职业教育政策法规为参照，对职业教育中的思想政治教育方面的研究热点主要集中在创新创业教育、职业素养、思政教育、校园文化建设研究，而相对来说对就业工作的实践较多，但理论研究较少。思想政治教育的政策和文件基本上是面向普通高等教育制定的，专门聚焦的职业教育思想政治教育的政策几乎没有。

（二）文献作者机构分析

1）文献分布情况

九个主题研究的文献分布情况如表 3-10 所示。从表 3-10 的文献研究热点来看，可以分为三个数量集群，其中"职业教育与区域经济"和"职业教育师资队伍建设"排在第一数量集群，占比 18.7%，主要原因在于随着经济结构转型与产业结构调整，职业教育与区域经济的协同发展更为紧迫，教师作为教育改革的推动者、执行者，高质量职业教育师资培养成为职业教育改革和发展的重要内容，同时教育部相关政策密集发布的引领导向，对学术界研究的注意力引导起到了推动作用。

现代职业教育体系是近 5 年学界研究的重点，排在第二数量集群，占比近 11.1%，职业学校特别是高职学校在这方面的研究贡献较大。在热点主题研究中，现代学徒制研究、校企合作和产教融合研究、职业教育人才培养质量研究受到持续关注。

表 3-10　九个主题研究的文献分布情况

序号	研究主题	数量/篇
1	现代职业教育体系建设研究	464
2	校企合作和产教融合研究	281
3	现代学徒制研究	650
4	职业教育人才培养质量研究	610
5	职业教育与区域经济	450
6	职业教育国际化	643
7	职业教育师资队伍建设	330

序号	研究主题	数量/篇
8	职业教育制造业人才培养	112
9	职业教育思想政治建设	629
	合计	4 169

2）机构分布情况

九个主题研究的机构分布情况如表 3-11 所示。

表 3-11　九个主题研究的机构分布情况

序号	研究主题	主要研究机构（按文献篇数排序）
1	现代职业教育体系建设研究	江苏理工学院（5）、黄河水利职业技术学院（2）、华东师范大学（2）东莞南博职业技术学院（2）、北京师范大学（2）、温州职业技术学院（2）、温州职业技术学院（2）、中山大学（1）、重庆市教育评估院（1）、浙江同济科技职业学院（1）、浙江师范大学（1）、浙江建设职业技术学院（1）、长沙职业技术学院（1）、长沙航空职业技术学院（1）、云南开放大学（1）、杨凌职业技术学院（1）、武汉职业技术学院（1）、武汉大学（1）、无锡职业技术学院（1）

续表

序号	研究主题	主要研究机构（按文献篇数排序）
2	校企合作和产教融合研究	北京师范大学（7）、教育部职业教育与成人教育司（6）、重庆工商职业学院（5）、江苏理工学院（4）、浙江金融职业学院（3）、浙江交通职业技术学院（3）、无锡职业技术学院（3）、天津大学（3）、民进中央委员会（3）、江苏经贸职业技术学院（3）、广西师范学院（3）、广东技术师范学院（3）、常州工程职业技术学院（3）、中国职业技术教育学会（2）、教育部职业技术教育中心研究所（2）、浙江省教育厅（2）、浙江经济职业技术学院（2）、浙江工贸职业技术学院（2）、长沙航空职业技术学院（2）
3	现代学徒制研究	华东师范大学（24）、吉林工程技术师范学院（13）、天津职业技术师范大学（12）、天津大学（11）、教育部职业教育与成人教育司（10）、浙江师范大学（9）、北京师范大学（8）、河北科技师范学院（6）、广州番禺职业技术学院（6）高等教育出版社（6）、上海师范大学（5）、宁波职业技术学院（5）、南京科技职业学院（5）、江苏省无锡机电高等职业技术学校（5）、徐州工业职业技术学院（4）、西南大学（4）、无锡商业职业技术学院（4）、吉林省职业教育中心（4）、吉林大学（4）、华中师范大学（4）

序号	研究主题	主要研究机构（按文献篇数排序）
4	职业教育人才培养质量研究	华中科技大学（8）、浙江经贸职业技术学院（7）、江苏省常州轻工职业技术学院（7）、广州番禺职业技术学院（6）、苏州农业职业技术学院（6）、南京工业职业技术学院（6）、江苏农牧科技职业学院（6）、重庆工业职业技术学院（5）、浙江工商职业技术学院（5）、苏州市职业大学（3）、南京交通职业技术学院（5）、重庆工商职业学院（4）、重庆城市管理职业学院（4）、浙江育英职业技术学院（4）、义乌工商职业技术学院（4）、无锡职业技术学院（4）、天津职业大学（4）、宁波城市职业技术学院（4）、南通科技职业学院（4）、湖南机电职业技术学院（4）
5	职业教育与区域经济	西南大学（23）、南通航运职业技术学院（7）、浙江工商职业技术学院（7）、浙江工业大学（7）、大连理工大学（6）、广州番禺职业技术学院（6）、华东师范大学（6）、山西大学（6）、常州纺织服装职业技术学院（5）、广东轻工职业技术学院（5）、河北机电职业技术学院（5）、河北科技师范学院（5）、辽宁教育研究院（5）、厦门大学（5）、扬州工业职业技术学院（5）、浙江财经大学（4）、中国科学技术大学（4）、南京化工职业技术学院（4）、金华职业技术学院（4）、江西科技师范大学（4）

续表

序号	研究主题	主要研究机构（按文献篇数排序）
6	职业教育国际化	北京师范大学（17）、厦门大学（14）、广州番禺职业技术学院（13）、宁波职业技术学院（13）、华南师范大学（13）、华东师范大学（10）、湖南大学（9）、浙江大学（9）、天津大学（9）、上海交通大学（8）、东北师范大学（8）、北京大学（7）、南京邮电大学（7）、南京工业职业技术学院（6）、浙江师范大学（6）、武汉大学（6）、天津职业技术师范大学（5）、北京理工大学（6）、四川大学（5）、北京航空航天大学（4）
7	职业教育师资队伍建设	天津职业技术师范大学（24）、天津大学（12）、河北科技师范学院（6）、湖北工业大学（6）、华东师范大学（6）、江苏理工学院（6）、岭南师范学院（5）、安徽师范大学（3）、常州市刘国钧高等职业技术学校（3）、湖南汽车工程职业学院（3）、江苏海事职业技术学院（3）、江西科技师范大学（3）、绵阳职业技术学院（3）、南通航运职业技术学院（3）、长沙航空职业技术学院（3）、浙江工业大学（3）、重庆城市管理职业学院（3）
8	职业教育制造业人才培养	湖南汽车工程职业学院（6）、吉林工程技术师范学院（6）、天津大学（6）、湖北工业大学（3）、华东师范大学（3）、常州机电职业技术学院（2）、淮安信息职业技术学院（2）、吉林大学（2）、吉林省职业教育中心（2）、江苏师范大学（2）、南京师范大学（2）、宁波职业技术学院（2）、浙江纺织服装职业技术学院（2）、中原工学院（2）、重庆工业职业技术学院（2）

续表

序号	研究主题	主要研究机构（按文献篇数排序）
9	职业教育思想政治建设	泰山职业技术学院（10）、常州机电职业技术学院（9）、巴音郭楞职业技术学院（7）、柳州城市职业学院（7）、南昌大学（7）、南京工业职业技术学院（7）、宁波城市职业技术学院（7）、浙江金融职业学院（7）、广东技术师范学院（6）、重庆城市管理职业学院（6）

3）作者分布情况

从表 3-12 可知，大部分作者发表 1～2 篇论文，徐国庆、石伟平、朱德全的发表论文篇数较多。

表 3-12 主要作者的分布情况

序号	研究主题	主要研究作者（按文献篇数排序）
1	现代职业教育体系建设研究	朱彩莲（3）、祝成林（2）、杨润（2）、李海东（2）、祝士明（1）、朱厚望（1）、周红莉（1）、郑春华（1）、张振元（1）、张赟（1）、张跃东（1）、张宇（1）、张燕琴（1）、张秀霞（1）、张鑫（1）、张甜甜（1）、张棉好（1）
2	校企合作和产教融合研究	于志晶（4）、俞林（3）、南旭光（3）、孟凡华（3）、蓝洁（3）、周萍（2）、周晶（2）、赵鹏飞（2）、张等菊（2）、杨阳（2）、徐晔（2）、童卫军（2）、马建富（2）、罗汝珍（2）、刘芹（2）、刘其晴（2）、李玉静（2）、和震（2）、庄西真（1）

续表

序号	研究主题	主要研究作者（按文献篇数排序）
3	现代学徒制研究	徐国庆（13）、石伟平（9）、李玉静（7）、吴学峰（5）、马金平（4）、刘海（4）、李政（4）、李梦卿（4）、程宇（4）、王玉苗（3）、林克松（3）、李小鲁（3）、祝木伟（2）、祝成林（2）、朱向楠（2）、朱厚望（2）、周武杰（2）、赵鹏飞（2）赵鹤（2）
4	职业教育人才培养质量研究	朱国奉（4）、孙雯（4）、刘畅（4）、许艳丽（3）、王立科（3）、田凤秋（3）、孔祥富（3）、何向荣（3）、高振发（3）、仇志海（3）、程宇（3）、曹璟（3）、周雪梅（2）、周德富（2）、张啸宇（2）、詹文莲（2）、余家军（2）、许文海（2）、徐兵（2）、胥加美（2）
5	职业教育与区域经济	朱德全（9）、任聪敏（5）、赵哲（5）、赵塔里木（4）、刘晓（4）、周优文（3）、韩永强（3）、周红莉（3）、罗英姿（3）、方超（3）、熊惠平（2）、袁顶国（2）、崔社军（2）、孙爱武（2）、张振山（2）、郑雁（2）、只海平（2）、王忠昌（2）、郭彪（2）、邓凯（2）
6	职业教育国际化	买琳燕（6）、马倩美（6）、郭强（5）、刘海（5）、刘琪（5）、刘炜（5）、钟建平（4）、吕景泉（4）、李云梅（4）、李碧虹（4）、古永司（4）、贾秀险（4）、陈文珊（4）、曾晓青（3）、蒋继彪（3）、李玉静（3）、刘岩（3）、伍宸（3）、宋永华（3）、王军胜（3）
7	职业教育师资队伍建设	林红明（5）、刘晓雯（3）、刘志刚（3）、吕荣娟（3）、王丽娟（3）、钟庆文（3）、朱毅（3）、荏良计（2）、董晓琳（2）、冯胜清（2）、高臣（2）、高瑞鹏（2）、郭清（2）、洪旺元（2）、胡卫芳（2）、蒋常香（2）、蒋宗伟（2）、李飞（2）、李俊平（2）、李媛（2）

续表

序号	研究主题	主要研究作者（按文献篇数排序）
8	职业教育制造业人才培养	林红明（5）、刘晓雯（3）、刘志刚（3）、吕荣娟（3）、王丽娟（3）、钟庆文（3）、朱毅（3）、茬良计（2）、董晓琳（2）、冯胜清（2）、高臣（2）、高瑞鹏（2）、郭清（2）、洪旺元（2）、胡卫芳（2）、蒋常香（2）、蒋宗伟（2）、李飞（2）、李俊平（2）、李媛（2）
9	职业教育思想政治建设	林红明（5）、刘晓雯（3）、刘志刚（3）、吕荣娟（3）、王丽娟（3）、钟庆文（3）、朱毅（3）、茬良计（2）、董晓琳（2）、冯胜清（2）、高臣（2）、高瑞鹏（2）、郭清（2）、洪旺元（2）、胡卫芳（2）、蒋常香（2）、蒋宗伟（2）、李飞（2）、李俊平（2）、李媛（2）

4）依托的项目分布情况

从表 3-13 可知，职业教育研究课题的主要资金支持来自省部级项目，教育部及国家级项目资金支持在上升，市级项目资金支持仍然偏少。

表 3-13　主要依托项目分布情况

序号	研究主题	主要研究项目（按文献篇数排序）
1	现代职业教育体系建设研究	全国教育规划（7）、省部级（3）
2	校企合作和产教融合研究	全国教育规划（6）、省部级（19）、国家级（5）

续表

序号	研究主题	主要研究项目（按文献篇数排序）
3	现代学徒制研究	全国教育规划（19）、省部级（22）、国家级（14）
4	职业教育人才培养质量研究	全国教育规划（13）、国家级（12）、省部级（34）
5	职业教育与区域经济	省部级（25）、国家级（44）
6	职业教育国际化	省部级（23）、国家级（62）
7	职业教育师资队伍建设	全国教育规划（22）、省部级（12）、国家级（6）
8	职业教育制造业人才培养	全国教育规划（2）、省部级（9）、国家级（2）
9	职业教育思想政治建设	全国教育规划（5）、省部级（26）、国家级（3）

第四章

总结与建议

本报告分别从2005—2017年职业教育论文总体情况和三个重要阶段的主题变迁情况，对这13年发表的与职业教育相关的论文进行了详细的分析。根据前面的梳理，将这13年整体的研究热点归纳总结，提炼出这13年职业教育研究领域的十大研究热点主题，即职业教育人才培养研究、职业教育办学模式研究、职业教育课程建设与教学改革研究、职业教育师资队伍建设研究、人文和思想政治教育研究、职业教育校企合作研究、职业教育公平研究、现代职业教育体系研究、职业教育与区域经济研究、职业教育研究领域新的增长点。

一、总量、作者、机构与主题综合分析

针对2005—2017年发表的高质量论文，综合作者、所有机构、总量及热点主题等因素进行分析。本书所定义的高质量论文指被引频次大于50的论文。

（一）十个热点主题的文献分布情况

十个热点主题的高质量论文数量统计如表 4-1 和图 4-1 所示。

表 4-1　十个热点主题的高质量论文数量统计表

序号	研究主题	数量/篇
1	职业教育人才培养研究	123
2	职业教育办学模式研究	53
3	职业教育课程建设与教学改革研究	171
4	职业教育师资队伍建设研究	61
5	人文和思想政治教育研究	39
6	职业教育校企合作研究	60
7	职业教育公平研究	17
8	现代职业教育体系研究	61
9	职业教育与区域经济研究	10
10	职业教育研究领域新的增长点	61
合计		656

从表 4-1 和图 4-1 可知，"职业教育与区域经济研究""职业教

育公平研究""人文和思想政治教育研究"的论文数量相对减少，分别占 1.5%、2.6%和 5.9%。随着全国高校思想政治工作会议的召开，职业教育思想政治建设成为学术界研究热点，但从数据统计来看，这类论文的数量并没有比其他传统研究主题论文的数量多。

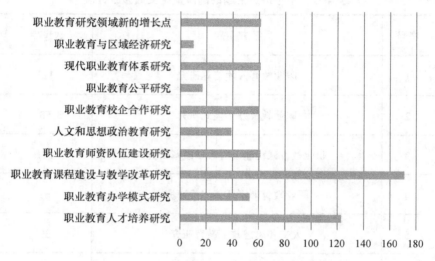

图 4-1　十个热点主题的高质量论文数量统计图

"职业教育课程建设与教学改革研究""职业教育人才培养研究"主题保持了极高的研究热度，分别占论文总量的 26%和 19%，主要原因在于对于从事职业教育的教师来说，课程改革及专业建设是每位教师的基本任务，所有教师都要从事这些工作，因此这些主题的研究一直比较多。

（二）十个热点主题的研究机构及作者分布情况

十个热点主题研究的作者分布情况如表 4-2 所示，十个热点主题研究的地区分布如图 4-2 所示，十个热点主题研究的机构分布如图 4-3 所示。高质量论文的研究机构集中在北京、湖南、江苏、浙江和广东等一线教育发达地区，其中许多论文出自研究所等研究机构，如教育部职业技术教育中心研究所、中央教育科学研究所、上海市教育科学研究院等。师范类院校如北京师范大学、华东师范大学等仍然保持职业教育研究领先优势。职业院校中，温州职业技术学院、广东轻工职业技术学院等学校的教育工作者发表了较多的高质量论文。职业学校及研究所无论在理论研究还是实证研究方面均成为职业教育的主流研究机构。职业教育研究机构也参与其中，而教育行政部门介入研究的极少。此外，没有来自企业的论文，说明企业参与职业教育的积极性不足。

表 4-2　十个热点主题研究的主要作者分布情况

序号	研究主题	主要研究作者（按论文篇数及被引频次排序）
1	职业教育人才培养研究	丁金昌（温州职业技术学院）(2)、童卫军（温州职业技术学院）(2)、王前新（荆楚理工学院）(2)、赵志群（北京师范大学）(2)、田静（云南农业大学职业与继续教育学院）、周应中（浙江艺术职业学院）、刘惠坚（广东机电职业技术学院）、徐理勤（浙江科技学院）、唐永泽（南京工业职业技术学院）、卢兵（南京工业职业技术学院）、陈玉华（华中科技大学）、陈解放（上海第二工业大学）、谭辉平（广东省轻工职业技术学校）

续表

序号	研究主题	主要研究作者（按论文篇数及被引频次排序）
2	职业教育办学模式研究	姜大源（教育部职业技术教育中心研究所）（3）、马树超（上海市教育科学研究院）（2）、张应强（华中科技大学）（2）、匡瑛（华东师范大学）（2）、丁金昌（温州职业技术学院）（2）、李均（深圳大学高等教育研究所）、刘洪一（深圳职业技术学院）、陈锋（教育部发展规划司）、张尧学（教育部高等教育司）、马陆亭（教育部国家教育发展研究中心）、魏晓锋（健雄职业技术学院）、方美君（金华职业技术学院）
3	职业教育课程建设与教学改革研究	姜大源（教育部职业技术教育中心研究所）（7）、石伟平（华东师范大学）（6）、徐国庆（华东师范大学职业教育与成人教育研究所）（3）、周建松（浙江金融职业学院）（2）、张健（滁州职业技术学院职教研究所）（2）、徐朔（同济大学）（2）、马成荣（江苏省教育科学研究院）（2）、楼一峰（上海市教育科学研究院职业教育与成人教育研究所）（2）、郝超（常州机电职业技术学院高职研究所）（2）、翁惠根（浙江金融职业学院）、李庆武（黑龙江建筑职业技术学院）、邵华（宁波城市职业技术学院）、韩茂源（陕西铁路工程职业技术学院）
4	职业教育师资队伍建设研究	朱雪梅（广东轻工职业技术学院）（2）、贺应根（湖南农业大学）（2）、曹晔（河北科技师范学院职教所）（2）、孙蓓雄（无锡商业职业技术学院）、张伟萍（浙江经济职业技术学院）、林杏花（广州城市职业学院）、杨莎莎（广州城市职业学院）、林宇（教育部高等教育司）、丁金昌（温州职业技术学院）、贾文胜（杭州职业技术学院）、毛才盛（宁波职业技术学院）、陈小燕（浙江机电职业技术学院）、唐智彬（湖南师范大学）

序号	研究主题	主要研究作者（按论文篇数及被引频次排序）
5	人文和思想政治教育研究	雷久相（株洲职业技术学院）(3)、杨明（浙江大学教育学院教育学系）(2)、蒋乃平（北京市朝阳区教育教学研究中心）(2)、高宝立（中央教育科学研究所）(2)、杭国英（北京市财贸管理干部学院）、王红岩（无锡职业技术学院教育研究所）、张涛（常州轻工职业技术学院）、徐建平（芜湖职业技术学院）、梁玉国（山东华宇职业技术学院）、孙晓玲（深圳职业技术学院）
6	职业教育校企合作研究	叶小明（广东轻工职业技术学院）(2)、颜楚华（湖南交通工程职业技术学院）(2)、王振洪（金华职业技术学院）(2)、丁金昌（温州职业技术学院）(2)、李高峰（广州城市职业学院）、洪贞银（鄂州大学）、邱璐轶（宁波职业技术学院）、胡艳曦（广东工程职业技术学院）、匡维（广州城建职业学院高职教育研究中心）、潘海生（天津大学）、王芳（浙江机电职业技术学院）、左家奇（浙江机电职业技术学院）
7	职业教育公平研究	褚宏启（北京师范大学）、黄晓赟（江苏技术师范学院）、辜胜阻（武汉大学）、林克松（西南大学）、盛冰（北京师范大学）、王嘉毅（西北师范大学）、孟万金（中国教育科学研究院）、彭霞光（中央教育科学研究所）、高强（中国农业大学社会学系）、郭智奇（中央农业广播电视学校）

序号	研究主题	主要研究作者（按论文篇数及被引频次排序）
8	现代职业教育体系研究	姜大源（教育部职业技术教育中心研究所）（4）、徐国庆（华东师范大学职业教育与成人教育研究所）（2）、潘懋元（厦门大学）、王乐夫（广东技术师范学院）、范唯（广州番禺职业技术学院）、孟源北（广州番禺职业技术学院）、丁金昌（温州职业技术学院）、周建松（浙江金融职业学院）、马树超（上海市教育科学研究院）、鲁武霞（江苏工业学院）、王占仁（东北师范大学）
9	职业教育与区域经济研究	丁金昌（温州职业技术学院）、戴勇（无锡职业技术学院）、李利平（上海第二工业大学图文信息中心）、林克松（西南大学）、杜祥培（西南大学）、张健（滁州职业技术学院）、李忠华（湖南铁道职业技术学院）、黄旭（湖南铁道职业技术学院）、杨运鑫（广州大学）
10	职业教育研究领域新的增长点	张启富（浙江工商职业技术学院）（2）、关晶（华东师范大学）（2）、丁金昌（温州职业技术学院）（2）、王绍章（哈尔滨市教育研究院）、吴建设（湖州职业技术学院高职教育研究所）、伍德勤（阜阳师范学院）、邢娣凤（常州信息职业技术学院）、张小菊（石家庄职业技术学院）、熊礼杭（永州职业技术学院）、杜启平（长沙商贸旅游职业技术学院）、匡瑛（华东师范大学）

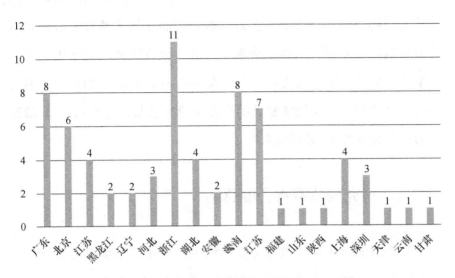

图 4-2　十个热点主题研究的地区分布情况

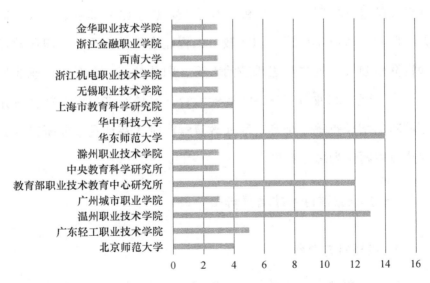

图 4-3　十个热点主题研究的机构分布情况

由表 4-2 可知，90%作者都是专注某一个职业教育主题研究，但是温州职业技术学院的丁金昌，教育部职业技术教育中心研究所的姜大源、华东师范大学职业教育与成人教育研究所的徐国庆等对多个热点主题的研究均比较活跃。表 4-2 中，姓名之后括号中的数字表示这位作者在此领域发表的高质量论文总数，对于只有 1 篇论文的作者按照被引频次排序。

二、研究与政策吻合度总结

结合前面关于职业教育论文研究主题分布、年度热点主题和三个重要阶段主题变迁的分析，解读自 2005 年起教育部及地方政府关于职业教育政策和措施纲要等系列发布文件，对 2005—2017 年职业教育文献进行梳理和数据分析，本研究聚焦这 13 年职业教育人才培养、职业教育办学模式、职业教育课程建设与教学改革、职业教育师资队伍建设、人文和思想政治教育、职业教育校企合作、职业教育公平、现代职业教育体系、职业教育与区域经济、职业教育研究领域新的增长点等十个具有职业教育鲜明时代特征及重要研究意义的热点主题作为总结对象。

（一）职业教育人才培养研究

1. 主要研究内容

2005—2017 年，人才培养一直是职业教育领域的研究热点，相关的研究成果主要集中在 3 个方面：① 工学结合、校企合作的人才培养模式；② 高技能人才培养；③ 人才培养的国际化比较研究。

2. 与相关政策的吻合度分析

2005 年 3 月，教育部在进入 21 世纪后首次强调要大力提倡"工学结合、半工半读"；此后，国家又相继出台了《国务院关于大力发展职业教育的决定》《教育部关于职业院校试行工学结合、半工半读的意见》等一系列文件，明确提出在职业教育领域要大力推行工学结合、校企合作的人才培养模式。面对强大的实践需求和政策导向，这 13 年间出现了很多研究成果，理论研究热点与政策热点基本吻合，说明随着教育部职业教育政策的导向和规划文件的出台，对理论界研究的注意力起到了良好的作用，政策驱动是人才培养模式研究的重要动力。

在大的研究方向与政策引导基本吻合的前提下，虽然我国关于高等职业教育人才培养模式的研究众多，但研究内容并不深入，并没有充分认识到职业教育人才培养模式的特色。只有真正了解了职业教育人才培养模式的特殊性，才能真正为我国高等职业人才培养提供新的思路。研究者也发现了存在诸多问题，如企业积极性不高，迫切需要国家出台相应的政策予以扶持。但是，关于政策保障方面的研究较少，为了我国高等职业教育人才培养模式的顺利进行，需要加强政策保障方面的研究。由于各国国情不同以及高等职业教育人才培养模式尤其自身的特殊性，因此，我国在借鉴他国经验时，应立足本国实际和我国的教育实践。这就要求我国职业教育研究者既要具有国际比较的视角，同时，又要以我国高等职业教育的现实实践为背景，努力探讨具有中国特色的高等职业教育人才培养模式。

（二）职业教育办学模式研究

1. 主要研究内容

2005—2017 年，办学模式一直是职业教育领域的研究热点，相关的研究成果主要集中在 3 个方面：第一，与其他教育的关系，包括职业教育与普通教育的关系，本科层次的职业教育等；第二，与产业的关系，包括集团化办学、校企合作模式的构建，产业服务型职业学校等；第三，不同办学形式之间的关系，包括职业院校面临的发展困境及对策研究，中高职衔接的探索，职业教育的区域合作，终身教育导向的职业院校办学形态，技工学校与技师学院，如何规范与促进社会培训机构等。

2. 与相关政策的吻合度分析

办学模式问题在我国职业教育领域一直属于关注度较高的研究热点，研究热点与政策热点吻合度较高，但研究深度不够，体现在：第一，对办学模式中各个问题的本质及解决的具体方案没有深入研究，不能为办学模式的转变或办学新模式的创造提供技术支持。第二，集团化办学是产学合作的一种有效途径，如何使构建的办学集团能有效、持续地推进产学合作，这是需要深入、严肃地研究的问题。第三，关于社会培训机构发展状况与运行方式的系统研究几乎没有，系统的政策支持更是缺乏，未来在完善我国职业教育办学模式的过程中，应当把社会培训机构作为一支不可忽视的重要力量。第四，对终身教育的研究主要停留在教育制度上，然而要有效地引导职业院校实现办学形态的转换，有必要对基于终身教育理念的职业学校办学要素设计进行深入研究。

（三）职业教育课程建设与教学改革研究

1. 主要研究内容

2005—2017 年，课程建设与教学改革一直是职业教育领域的研究热点，相关的研究成果主要集中在 3 个方面：第一，教育教学改革，包括专业建设与管理，教学计划、教学大纲的制订与管理，教学理念与教学原则，培养目标与学制，课程结构与课程体系，教材建设与发展；第二，职业教育课程建设的标准化研究，包括从理论与实证等不同侧面分析我国职业教育国家专业教学标准开发的理论基础、客观需求、潜在问题和应对策略；第三，国内外职业教育课程体系对比研究，借鉴英国、澳大利亚、美国等职业教育发达国家专业教学标准的制定主体、呈现形式、开发过程等内容，以期为我国专业教学标准的开发提供借鉴。

2. 与相关政策的吻合度分析

2005—2017 年是我国职业教育发展的黄金时期，国家对职业教育发展更加重视。结合职业教育发展的新定位、新任务和新思路，在坚持和深化改革的宏观环境下，我国职业教育课程建设和教学改革研究紧扣主题，研究热点与改革议题高度匹配，发挥了面向改革、服务实践的功能，彰显了职业教育研究的实践品格。但存在以下问题：第一，虽然研究问题紧扣改革主题，但未形成整体架构。这种大规模跟随改革动态和行政指向的研究特点，一方面容易导致超前的基础理论研究渐行渐远，另一方面则使得近几年我国职业教育研究较少出现围绕某一问题展开具有逻辑层次的系统探索的学者和成果，研究的连续性和继承性不够，这不但不利于我国职业教育研究的整体架构，在根本上也不利于指导我国职业教育改革实践。第二，研究领域不断扩张，但缺乏系统性。职业教育研究的领域不断扩张和分化，导致学者们往往在特定的研究领域里面"跳舞"，难免视野狭窄，不同研究领域之间缺乏必要的思想交汇，一个研究领域中的学者对于另一研究领域中的学者的工作往往不甚了解，不利于职业教育研究整体学术质量的提升。更为重要的是，这种"板块式研究"显然难以在深层次上服务职业教育教学改革，因为任何改革都是系统性、耦合性、牵一发而动全身的"网状式工程"。第三，论证开发具有国际水准、中国特色的职业教育专业教学标准的必要性、可能性以及方法途径研究较少，要想有国际水准职业教育国家专业教学标准的开发必须要有国际化、体系性和开放式的视野。

（四）职业教育师资队伍建设研究

1. 主要研究内容

2005—2017 年，师资队伍建设一直是职业教育领域的研究热点，相关的研究成果主要集中在 5 大方面：第一，师资队伍建设的方法路径研究，主要集中在"双师型教师相关研究""中职教师培养""高职院校师资队伍建设""兼职教师队伍建设"。第二，现状及发展对策研究。第三，教师专业化发展研究，包括教师专业发展的内涵本质、策略和途径、目标等方面的研究。第四，教师企业实践相关研究，包括对教师实践能力提升途径、制度保障等内容的研究。第五，教师绩效评价研究，主要集中在教师评价模型、激励机制等方面的研究。

2. 与相关政策的吻合度分析

通过文献分析，现阶段的研究与政策的关联存在如下情形：第一，与政策热点吻合的研究热点研究不够深入，如双师型教师、教师专业发展策略多数停留在理论层面，深入的实证研究较少。第二，研究领域中的盲点，如"教练型"教师。《教育部关于深化职业教育教学改革全面提高人才培养质量的若干意见》（教职成〔2015〕6号）明确提到要培养造就一批"教练型"教学名师和专业带头人。2016年和2017年的文献仅有2篇就此理念和策略方面的研究，课题涉及的范畴过于宏观，对于教师队伍建设接受行业指导的研究是空白。

（五）人文和思想政治教育研究

1. 主要研究内容

2005—2017年，人文和思想政治教育一直是职业教育领域的研究热点，主要集中在5个方面：第一，创新创业教育，包括教师队伍建设、学生社团建设、学生先进典型推广、双创素质培养、创新活动的动力机制等；第二，职业素养，包括隐性职业素养培养、人文素质教育、职业精神的研究、职业道德的研究、职业能力的研究、心理教育的研究；第三，思政教育的研究，包括大学生思想政治教育、职业教育、辅导员深度辅导、家风教育；第四，校园文化的研究，包括文化建设、学生媒介素养研究、学风建设研究；第五，就业研究，包括就业研究的进展与趋势、工作转换和首职持续时间的研究、就业的投入产出分析、就业质量的研究、就业能力的研究、竞争意识的培养、职业定位的研究。

2. 与相关政策的吻合度分析

2005 年，《国务院关于大力发展职业教育的决定》就曾明确指出要将德育放在职业教育的首位，以全面推进素质教育。这一时期的研究主要集中在加强对学生职业人文素养的训练、实现人文教育的载体研究等。

职业教育思想政治教育是培养建设社会主义高素质技能型人才的有力保障。以教育部等机构颁发的职业教育政策法规为参照，对职业教育思想政治教育方面的研究热点主要集中在创新创业教育、职业素养、思政教育、校园文化建设研究，相对来说对就业工作的实践研究较多，但理论研究较少。思想政治教育的政策和文件基本上是面向普通高等教育制定的，专门聚焦职业教育思想政治教育的政策几乎没有。

（六）职业教育校企合作研究

1. 主要内容研究

相关研究成果主要集中在三个方面：第一，校企合作模式研究，主要集中在产教融合、职教集团、现代学徒制、集团化办学等。第二，校企合作的体制、机制构建研究，如国家层面的政策体制、法律法规制度体系的制定和行业层面的政策制度、法律法规等常态化的内容。第三，校企合作的问题及发展建议研究，主要集中在政策、制度、投入、路径以及合作主体、内容、内部管理等方面。

2. 与相关政策的吻合度分析

2015 年之前的研究更多的是对校企合作的内涵、范围、层次、目标、动因、特征等内容的界定以及工学结合、订单培养的个案探讨，随着教育部相关政策文件的密集发布，研究热点转到了现代学徒制、集团化办学、混合所有制、产教融合、校企合作机制构建以及制度保障体系的研究上，理论研究热点与政策热点吻合，研究趋势从总体上来说与教育部相关政策的引导方向一致。

研究与政策的关联存在如下情形：第一，与政策热点吻合的研究热点其研究深度不够，如现代学徒制、职教集团，实证成果层次低，学界对现代学徒制、职教集团个案的运作经验归纳较多，但缺乏可推广性高的研究成果，研究成果借鉴意义不大；理论成果少，对学徒制和职教集团评价等基本理论问题涉足不深，也缺乏对现代学徒制、职教集团宏观运行规律的整体把握的研究。第二，政策中有体现但却是研究盲点，如混合所有制办学。《高等职业教育创新发展行动计划》等相关政策中多次提到要"探索混合所有制办学"。但关于混合所有制办学的文献大部分从制度变迁和机制创新等角度进行研究，课题涉及的范畴过于宏观。混合所有制办学模式下的校企合作研究几乎空白。第三，现有研究与政策都存在薄弱点。如校企合作发布的政策大多只涉及校企合作具体实施办法，但如何保障这些办法的顺利实施并真正产生效果却没有提及。

（七）职业教育公平研究

1. 主要内容研究

相关研究成果主要集中在以下三个方面：第一，职业教育均衡发展，包括区域职业教育均衡发展问题，城乡职业教育均衡发展问题；第二，弱势群体职业教育，包括农村职业教育、新型职业农民的内涵、农村职业教育政策沿革的研究，以及新型职业农民职业教育的培养机制、路径和教育教学改革的研究。

2. 与相关政策的吻合度分析

教育公平是社会公平价值在教育领域的延伸和体现，《国家中长期教育改革和发展规划纲要（2010—2020年）》高度重视教育公平问题，要求保障人民群众享有良好接受教育的机会。近年来教育部多项关于农村职业教育文件的发布，吸引了更多的学者关注农村职业教育问题。说明随着教育部相关政策的导向，对理论界研究的注意力引导起到一定作用。这一时期的研究主要集中于在职业教育内涵式发展的进程中，如何能够强化农村和欠发达地区的职业教育，缩小城乡以及区域间职业教育发展的差距等方面。

分析发现本阶段理论研究与相关政策关联存在如下情形：第一，研究热点与政策热点吻合度低。研究热点主要集中关注目前新型职业农民职业教育存在的问题，新型职业农民职教体系构建、培养机制、路径、管理和运行机制及教育教学改革。研究热点未涉及构建涉农职教集团。东西部合作办学、对口支援的政策焦点，没有针对性地探讨培养农村发展带头人、农村技能服务型人才、农村生产经

营型人才的方式和路径。对创建国家级农村职业教育和成人教育示
范县实施过程中的经验与思考及个案深入研究很少。未能从研究层
面发挥政策推广的辐射带动作用。第二，相关政策的薄弱点。一方
面，农村职教体系构建、管理与运行机制、职业教育标准、考核评
价机制及法律等制度保障机制方面的政策还不完善；另一方面，政
策对于相关研究的支持不足，该领域研究获得的基金项目很少，且
集中于普通高校学者，研究主体与责任主体脱节，因此要获得有实
质性突破的研究成果难度较大。

（八）现代职业教育体系研究

1. 主要内容研究

相关研究成果主要集中在四个方面：第一，职业教育体系构建
方法路径研究；第二，现状及发展对策研究；第三，国际先进经验
研究；第四，中高职衔接的问题与对策研究。

2. 与相关政策的吻合度分析

2015 年之前更多的是对职业教育体系内涵、本质属性、框架结
构等方面的研究。从 2015 年开始，研究热点转到了职业教育体系构
建路径上，理论研究热点与政策热点基本吻合，说明教育部职业教
育政策的导向和规划文件的出台是研究的主要动力。

在大的研究方向与政策基本吻合的前提下，存在以下问题。第
一，与政策热点吻合的研究热点理仑研究不够深入，如职业教育体
系构建虽然多有论述，但如何实现对接外部、衔接内部、多元立交
鲜有办法；另外虽然职业教育与区或经济研究方面论述不少，但是

没有找到职业教育体系与现代产业体系如何对接的相关研究。还有一些更为细化的微观问题，还需要进一步的梳理深化。第二，文献研究存在下面三种情形：一是政策未关注的学界研究热点，如"职业教育分级分类教学标准研究""高职高专毕业证书与职业资格证书融合研究"；二是政策中提到但学界研究甚少，如"职业教育专业学位研究生培养模式"（《高等职业教育创新发展行动计划（2015—2018年）》提出"以职业需求为导向的专业学位研究生培养模式改革取得阶段成果"）等方面；三是政策和研究均未关注，如"职业教育国家标准"等方面。第三，实践中亟须理论突破并需要权威认定和统一的问题。例如，职业教育中高本衔接培养的招生和培养工作已经在全国很多省市广泛推开，教育部也通过各个职业教育行业指导委员会开展制定本行业对应各个专业的教学标准框架研究，一些具有影响力的研究也已经出现，成果具有逻辑性、系统性和体系化，但是目前没有这方面的评价研究和权威认定，产生理论滞后于实践的问题，使得具体培养人才的学校在实践中缺乏可信、可用的理论指导，导致模糊、跟风、自行其是的现象。第四，研究的薄弱点或盲点。2014年《国务院关于加快发展现代职业教育的决定》提出："引导一批普通本科高等学校向应用技术类型高等学校转型，重点举办职业本科教育。"建设我国现代职业教育体系、贯通职业教育，不但要建立中等职业教育和高职专科的衔接，还要建立中高本和中高本硕的衔接。本阶段对于中高本衔接研究比较薄弱，只有1篇文献，仅进行了理论方面的探讨，对于中高本硕衔接政策和研究仍处于空白。

（九）职业教育与区域经济研究

1. 主要内容研究

相关研究成果主要集中在五个方面：第一，职业教育与区域经济的关系。相关学者从系统理论、治理体系等角度梳理了二者的依存共生关系。第二，职业教育适应区域经济发展模式。相关学者分析了两者协调发展、适应性问题以及专业设置布局和预警机制等问题，并就京津冀、长三角等区域的协调发展个案进行实证研究。第三，职业教育服务区域城镇化发展。相关学者分析了职业教育与区域城镇化互动演进机理。第四，职业教育与区域经济协调发展的内外部影响因素。第五，职业教育与区域经济协调发展的国际比较。相关学者主要以德国、美国、英国、日本等为例分析职业教育服务区域经济发展、应对产业转型升级的经验。

2. 与相关政策的吻合度分析

2015 年前的研究主要集中在各职业学校基于自身具体区域经济结构变化、自身发展战略、师资、硬件等方面条件的制约，专业设置与建设问题和策略的研究。随着相关政策的发布，研究热点转到了专业设置与区域经济发展的适应性研究、职业教育与区域城镇化的互动研究，以及针对"京津冀一体化战略""一带一路"等热点经济带的职业教育研究，可见政策指引的力量对各地职业教育与区域经济研究影响巨大。

本阶段的研究与政策的关联存在如下情形。第一，与政策热点吻合的研究热点其研究深度不够。例如，专业设置与区域经济发展的适应性研究，与该研究相似的热点还包含了匹配度、吻合度、对接等。适应性的评价标准描述性研究视角多，而定性与定量结合、静态与动态结合、实证案例研究与理论研究结合视角的研究不足；职业教育与区域城镇化多侧重互动演进理论推演，区域实证个案研究不足，未能形成具有方法学指导意义的成果。第二，许多体现在政策中但研究中涉及不足的方面包括针对"京津冀一体化战略""一带一路"倡议等热点经济带的职业教育研究以及基于"互联网+"行动、《中国制造2025》要求的适应新技术、新模式、新业态发展与实际新兴产业相关专业的研究，多侧重必要性、原则讨论，深入的实证研究与理论研究不足。

（十）职业教育研究领域新的增长点

1. 主要研究内容

主要研究内容集中在七个方面：第一，与"一带一路"倡议相关的研究，主要包括在"一带一路"倡议背景下区域职业教育的发展研究、国内和国际经济带核心区之间的职业教育互动研究、机遇与发展策略研究。第二，"互联网+"在远程教育领域的应用研究，主要包括在"互联网+"的背景下，远程教育平台的建设，实践教学体系的构建研究，并针对成人远程教育的创新研究。第三，新媒体的教学研究，主要包括针对慕课、微课、微学习、移动学习、云课堂等近年新兴的教育模式，并结合翻转课堂等理论在职业教育中的应用研究。第四，产教融合中的理论和运行机制研究，主要包括存在的问题和解决办法、运行机制、人才培养、职教集团的运行机制、国外的经验和启示以及产教融合过程中存在的法律问题。第五，现代学徒制的理论和实践研究，主要包括在不同视角下现代学徒制存在的问题及解决办法，人才培养模式的理论研究和实证研究，国外现代学徒制的新进展、经验和对我国的启示等。第六，工匠精神的培育策略和内涵培养，以及国外的经验及对我国的启示。第七，《中国制造2025》背景下教育的发展方向，包括职业教育改革、制造业紧缺人才培养、制造业人才培养体系研究等。第八，供给侧结构性改革背景下职业教育改革，主要包括宏观层面的职业教育制度供给、微观层面的专业布局、人才培养模式、课程体系、师资结构、校企合作、教学评价方式等改进职业教育供给方式等方面的研究。

2. 与相关政策的吻合度分析

第一，与"一带一路"相关的研究处于初期阶段，限于理论和宏观的探讨，基本上是面临的问题、挑战、机遇和愿景分析，涉及的区域经济带仅限于对东南亚、东盟、跨境劳务合作的探讨。非洲、欧洲经济带的职业教育国际化研究还是空白点。

第二，对信息化建设的相关研究，与政策热点吻合的研究较高。在相关政策（《高等职业院校适应社会需求能力评估暂行办法》《中等职业学校办学能力评估暂行办法》）中，对职业教育信息化水平的建设提出了相关标准，但是从文献分析来看，研究相对较少，深度不足，相关案例普及度还比较局限；同时在政策中提到"依托现有资源建立信息化管理平台，制定教师企业实践基地遴选条件及淘汰机制"，而在文献中未找到相关研究。

第三，自2016年教育部下发《关于实施职业院校教师素质提高计划（2017—2020 年）的意见》，并于 2017 年正式启动相关工作以来，在"职业教育智能化"方面，文献偏少，主要研究集中于理论分析和体制改革的探讨，缺乏具体深入的案例研究。

第四，研究与政策不匹配。从文献统计分析可以看出，大量的研究集中关注"互联网+"、新媒体、大数据等新兴技术与职业教育的应用，但没有在相关研究的基础上形成政策，同时慕课、微课、云课堂等新兴教学模式已经在职业教育中广泛应用，但是未找到相应的政策进行引导。

第五，对产教融合研究内容广泛，几乎涵盖了政策中提到的所有问题，研究也较为深入。例如，现代学徒制、校企合作中的人才培养模式和教学实施、学生实习、法律问题以及推进职业教育集团化办学方面，研究内容均有所提及，只是关于产学研用联盟建设研究内容还停留在产学研的研究上，几乎没有提及依托重大工程项目、工程技术研究中心等来推进校企深度合作的研究。

第六，政策中提到的制造业人才关键能力和素质以及紧缺人才培养方面仅部分提及，且研究不够深入。例如，工匠精神的培育缺乏具体深入的案例研究和比较研究，对创新能力、信息技术应用能力、技术技能人才培养研究较少，且停留在"喊口号"式的宏观研究上。

第七，政策中体现但属于研究领域中的盲点：提升绿色制造技术技能水平。复合型专业人才培养、基础制造技术领域人才培养、工程博士试点等相关研究几乎为空白。

第八，与政策热点吻合的研究热点其研究不够深入：职业教育供给侧结构性改革虽然多有论述，但多集中在路径初步探索，如何找到突破的关键点鲜有办法；股份制、混合所有制作为职业教育供给的创新模式，研究热情较高但关注点以促进融资为主，如何保障及刺激企业投入，内容较模糊，实践案例分析较少。另外虽然关于地区统筹论述不少，但是没有找到提高资源利用率的具体方法。还有一些更为细化的微观问题，还需要进一步的梳理深化。

三、建议

（一）职业教育人才培养方面的建议

（1）服务于《中国制造 2025》的职业教育制造业人才培养研究刚刚展开，还缺乏一些成功的实践经验总结研究，需要给予一定的政策倾斜，推广区域职业教育制造业人才培养的案例研究。

（2）出台职业教育制造业人才培养质量提升的相关政策，注重在职业教育制造业人才培养质量的内涵、要素、提升策略等方面的深入研究。

（3）推动职业教育制造业人才培养政策与《中国制造 2025》的衔接，围绕重点问题和亟待解决的关键问题展开实证性研究，面向产业重点领域，实现产教深度融合，推动制造业技术技能人才培养升级。

（二）职业教育办学模式方面的建议

（1）建立与完善相应的管理制度与运行机制，比如产学合作、中高职衔接、行业举办的职业学校公平待遇等问题的解决，都需要有管理制度和运行机制相支持。

（2）对办学模式中各个问题的本质及解决的具体方案进行深入研究，为办学模式的转变或办学新模式的创造提供技术支持。

（3）职业院校之间、职业院校与普通院校之间办学环境存在不公平之处，影响职业学校的可持续性发展，因此需要营造公平的办学环境，发挥政府在职业教育办学中的主导作用，对职业教育发展的政策、法规等进行修改。

（4）充分发挥市场在职业教育办学中的作用，为职业教育办学提供条件，如职业院校和普通高校之间财政性收入经费不一致问题。

（三）职业教育课程建设和教学改革方面的建议

（1）国家应从宏观层面承担以下课程建设行动：研究并发布技术技能型人才需求与职业学校专业发展状态数据，开发职业教育国家专业教学标准，建设体现国家专业教学标准的精品教材，构建职业教育课程开发的国家团队。

（2）职业教育课程建设应当增加课程标准中对于工作过程的动态分析，课程开发要注重对职业活动、职业知识的深刻分析，强调工作过程的完整性以及遵循职业成长的规律性。

（3）加强职业能力研究，依据国家颁布的职业技能鉴定规范在广泛调研的基础上与行业企业专家共同制定学生职业能力标准，并运用诸如职业能力与职业认同感测评等量化方法对学生的职业能力展开科学测评。

（四）职业教育师资队伍方面的建议

（1）职业教师的"双师型"教师培养、职教师资队伍建设、校企合作双向交流等方面的研究已经取得了一定的成果，如何持续、有效地深化及扩展将成为下一步的研究主题。

（2）职业教师专业化成长的模型构建、实现路径等方面的研究亟待加强，可以考虑通过制定职业教育教师专业化成长的制度机制，如建立科学、具体的职业教育教师的专业标准，建立完善的职业教育教师准入制度，建立职业教育教师培训制度等。

（3）"工匠之师""教练型"教师等方面的研究亟须突破，可以考虑构建职教师资的学习共同体，如职业教育教师协同发展研究中心等，加强"工匠之师""教练型"教师的培养。

（五）职业教育思想政治建设方面的建议

（1）研究热点主要围绕创新创业教育、职业素养、校园文化建设等方面，理论研究居多，实证方面略显不足。建议以点带面，加强优秀实证案例的宣传，普及成功经验。

（2）推动职业教育思想政治教育模式的创新研究，以学生为核心，重点围绕职业道德、职业素质等方面，深入探讨"线上与线下结合、课内与课外整合、学校与行业融合"的递进式思想政治教育模式。

（3）制定职业教育思想政治建设的相关政策，推动职业教育思想政治教育体系的构建，围绕职业教育思想政治的教育内容、教育目标与教育队伍等方面展开重点研究。

（六）职业教育体系研究方面的建议

（1）对于研究与政策高度契合的热点，提供理论和实践方面的指导，如宏观上从中高职教育的衔接模式，微观上从中高职教育的课程、专业和教学衔接等方面提供实证案例与经验分享。

（2）对于研究关注较为薄弱的环节，提供政策指引。例如，中高本衔接和中高本硕衔接的技术技能型人才培养体系、技术本科实施可行性等方面的研究，加强顶层设计，从政策上凸显其对于现代职业教育体系构建的重要性。

（3）应鼓励以多元化的研究视角，开展全局性、系统化和针对性的研究，尤其是对现代职业教育体系构建中的重点任务和期待突破的关键点进行更为细致的研究，促使现代职业教育体系的纵深发展和横向共融。

（七）职业教育公平治理方面的建议

（1）从统筹发展理念、办学管理体制、投入配置机制、人事管理体制等不同角度促进城乡职业教育均衡发展。

（2）分区域推进中等职业教育整体发展战略，实施标准化建设，加强东、西部地区的对口支援，加强职业教育与区域经济的融合性。

（3）加强建立公益性农民职业教育培训制度、完善农民职业教育培训网络以及提高培训有效性。

（八）职业教育与区域经济方面的建议

（1）职业教育服务区域经济发展的研究突破了理论层次，以推动区域经济发展为主线的职业院校专业改革、课程建设、人才培养等方面的实践研究已经展开，如何实现职业教育与区域经济发展的良性互动需要进行政策引导。

（2）政策层面上，支持与鼓励区域经济、行业要素主动纳入职业院校的人才培养与专业建设过程，先行试点、后期推广。

（3）围绕区域经济的重点产业，如何有效整合区域职业教育的优质资源，构建区域性职业教育中心等产学研合作实体，推动区域经济的发展需要深入考虑。

（九）职业教育国际化方面的建议

（1）"一带一路"倡议刚刚处于起步阶段，主要研究集中于"一带一路"给职业教育的发展机遇、打造"一带一路"职业教育共同体等方面，研究的广度和深度还存在不足，建议加强政策性的引导，结合"一带一路"倡议，构建区域特色的职业教育国际化布局，突出职业教育国际化研究的主题。

（2）在如何引入国际优质资源、搭建国际化的职业教育平台，建立职业教育国际化标准、加强质量监督，打造国际化的职业教育师资队伍等方面的研究需要进一步推动，为职业教育国际化铺垫基石。

（3）为职业教育国际化发展提供政策导向和资金保障，通过建立完善的职业教育国际合作交流机制平台，积极"引进来"和主动"走出去"，全面提升我国职业教育的国际化水平。

（十）职业教育智能化方面的建议

（1）研究主要围绕各种信息技术在职业教育实践教学体系的应

用，在基础理论和实证分析方面都有一定的研究成果，但是在效率、效果和效益提升方面的研究还缺乏一定的政策指导。

（2）拓宽职业教育智能化的研究范围，教育队伍、教学方法、培养方式等的"智能化"研究需要开展，实现职业教育智能化的"两翼"齐飞。

（3）加强职业教育智能化的政策指引，在如何实现职业教育智能化方面提供一些纲领性建议，清晰地界定职业教育智能化的内涵及发展方向，明确职业教育智能化未来的重点研究方向。